KB039318

어느 심리전문가의
좌충우돌 육아 이야기

신권일 지음

산만한 아이를 안정된 아이로 변화시킨

11년 육아 리얼스토리

에듀지
에스피

어느 심리전문가의
좌충우돌 육아 이야기

산만한 아이를 안정된 아이로 변화시킨

11년 육아 리얼스토리

에듀지
에스피

"아버지가 들어오실 시간이 가까이오고 있다. 저 멀리 정적을 깨는 것처럼 경운기 소리가 '퉁당당당~ 둥당당~ 둥당당다당' 점점 가까이 다가온다. 성큼 다가오는 경운기 소리가 계속해서 가슴을 두드려대고 그때마다 가슴이 철렁한다."

위의 문장은 본인의 어린 시절 아버지에 대한 느낌을 묘사하고 있는 책의 내용 중 일부분을 발췌한 것이다.

아버지가 두려움이고, 권위자이며, 무서운 사람으로서 나를 가장 힘들게 했던 심리적 상처의 원인자이기도 했지만, 아버지 또한 어린 시절 행복하지 않았던 삶을 살 수밖에 없었던 피해자였다.

세대를 지나면서 마음의 문제를 그대로 다음 세대에 전가하게 되고, 악순환은 되풀이 될 수밖에 없었던 우리 세대의 삶이었다. 이러한 심리적 문제를 안고 살아가는 우리는 자녀들에게 악영향을 끼치게 되고, 유아기의 아이들은 부모의 문제를 여과 없이 받아들이는 내사(內射) 상태가 된다.

혹시 우리의 아이 가운데 기질적으로 산만한 아이로 태어났다면, 그 성장과정은 더욱 힘든 성장기를 보내게 된다.

본인도 아들을 키우면서 마음과 행동이 전혀 다르게 나올 때마다 죄책감에 사로잡혀 힘들어 했던 시기가 있었다.

물론 지금도 자녀 문제에서 100% 자유로울 수는 없다. 그렇다 보니 아이를 키우면서 좌충우돌 실수를 하기도 하고, 그러면 안 된다고 생각하면서 문제 행동을 보면 순간 참지 못하고 아이에게 상처 줄 말을 거침없이 뱉어내기도 했다.

산만한 아이를 정서적이고 집중력 있는 아이로 키운다는 것이 좀처럼 쉬운 일은 아니다. 마음을 다잡고 아이를 정성스럽게 키우겠다고 다짐을 하지만 그것도 그리 호락호락하지가 않다. 부모들은 한숨을 쉬면서 자포자기에 이르기도 한다. 특히 자신이 성장기에 경험했던 아픔이 상처로 남게 되면 그것은 주관적 사고로 남아서 자신의 입장에서 상대방을 평가하고 판단하게 된다. 이렇게 판단을 내리는 일이 순간적으로 일어나게 되면서 그것은 하나의 촉발요인이 된다. 이런 촉발은 마치 나의 문제처럼 받아들이게 하고, 분노로 표출하게 된다.

가령 자기 자녀가 다른 아이에 비해서 부족하다고 여기게 되면, 그것을 내 문제처럼 생각하게 된다. 자신이 가슴 아파했거나 힘들었던 일, 수치스러웠던 상황이 자기 표상으로 자리 잡고 있다가 그때의 경험이 지금 자녀에게서 비슷하게 재현된다고 생각하게 되면 무의식이 올라오면서 자녀에게 갑자기 화를 내게 되는 것이다.

대체적으로 많은 부모가 이런 과정을 겪을 때마다 자신에 대한 실망과 노력을 해도 안 되는 현실 속에서 더욱 좌절을 경험하게 된다.

내 안에 문제를 보면서 너만은 그러면 안 된다는 생각을 하고, 어떻게 해서든지 훌륭한 아이로 키우고 싶지만 뜻대로 되지 않는 양육 문제로 어려움을 호소한다.

본인도 이 책에서 나의 경험한 내용을 그대로 토로하다시피 써 내려갔다. 한편으로는 이런 내용까지 다뤄야할까라는 망설임도 있었지만 독자들과 '11년 양육 리얼스토리'를 통해 어떻게 극복했는지를 전달함으로써 조금이나마 도움을 주고 싶은 심정으로 용기를 내게 되었다.

짧은 시간 안에 내 아이의 문제가 해결된다면 그만큼 좋을 수가 없을 것이다. 하지만 양육의 문제는 긴 시간 사투를 벌이는 것처럼 매일매일 전쟁 같은 양육이 될 수도 있다. 겪어보지 않은 부모들은 사투라는 말이 어색하게 느껴질 수 있겠지만 산만한 아이의 부모는 슬픔 그 자체일 수 있다. 그만큼 절실하고 절박한 문제가 된다.

그러나 절박이라는 말 대신 희망이라는 의미의 단어를 말하고 싶다. 힘이 들어도 부모의 인내와 사랑이라면 충분히 산만한 아이에 대한 문제를 해결할 수 있다는 것이다.

'어느 심리전문가의 좌충우돌 육아 이야기' 이 책이 지금 시대를 살아가는 산만한 자녀를 둔 부모님들에게 좋은 길잡이가 될 것이라는 확신을 전하고 싶다.

만약에 부모가 성장 배경의 어려움으로 상처를 지니고 있다면 자신의 문제를 부정하기보다는 지금 여기에서 이 책을 읽고 난 다음 그 깨달음으로 상담전문가를 찾아서 문제해결을 했으면 한다.

부모의 내적 안정감은 자녀를 양육하는 문제에서 건강한 마음으로 접근할 수 있고, 일관된 심리적 상태를 보일 수 있어서 유용하지 않을 수가 없다.

그리고 마지막으로 잘 참고 아이를 양육하는데 묵묵히 프로그램을 같이 진행해 주고, 마음 고생한 아내에게 감사의 마음을 전하고 싶다. 또한 아들 민준이가 이렇게 건강한 아이로 성장하는 모습을 보여주고, 아빠의 분노를 잘 견뎌주어서 너무나 고맙다는 마음을 이 책을 통해 전하고 싶다.

2017년 9월
신 권 일

목 차

01

내가 좋아하는 여자가
엄마와 비슷해요

우월에 대한 추구가 나를 수렁에서 건지다

1997년 IMF(국제통화기금)로 인해서 경영난에 허덕이던 회사들은 실업자를 대량 양산하는 자동기계가 되어 가고 있었다.

나도 그 당시 경제 위기의 한 복판에서 허덕거리며 간신히 버티고 있었다. 그렇게 98년 실업자가 된 이후에 친구가 있는 대전에 내려가 힘든 시기를 보내게 됐다. 그러다가 어느 날 문득 이렇게 살다가는 다시는 재기하지 못할 거라는 불안한 마음이 들었고, 그런 내 마음은 서울로 재입성하라며, 나를 재촉했다.

'어디로 갈까?'

'서울 어디로 가야하나?'

우선 떠오르는 게 여동생이었다. 시집보낸다는 것이 못내 아쉽고 서운하여 나를 슬프게 했던 그 여동생 은미...

누이동생의 든든한 오빠로만 남고 싶었던 나였건만 그런 마음은 금새 초라한 오빠가 되어 누이동생에게 의지하고 있었다. 내 현실이 참담하고, 부끄럽다는 생각이 들었다. 그러나 머릿속에서는 이런 어려움을 극복하고, 더 멋진 미래를 위해서 도약을 해야 한다는 생각이 뇌리를 가득 채웠다. 열등감으로 가득했던 내 머리는 안 된다는 부정적인 생각보다 지금의 현실을 극복하고 부끄럽지 않은 자신이 되고 싶다는 만회하고자하는 욕구만이 남아 있었다. 그래서 그런지 누이동생이 서울에 있다는 게 오히려 고맙기까지 했다. 마음을 추스르고 여동생에게 전화를 한 뒤에 바로 서울로 상경을 했다. 지금의 관악구 신사동(신림4동)에 있는 동생을 찾았다. 그렇게 도착한 내 모습은 볼품없고 초라한 모습 그 자체였다. 그런 나를 아무 불평 없이 받아 준 동생과 매제가 고마웠다. 신혼 같은 결혼 2년 차라서 많이 불편했을 수도 있는데, 힘들어 하지 않고 받아준 동생내외가 고마웠다. 그러면서 내 마음 한편에서는 열등감이 고개를 들고 있었다. 별 볼일 없는 이런 나의 이 모습이 싫었다.

'우선 무엇부터 하지?'

교차로, 벼룩시장 취업정보지를 가져다가 일하기 적당한 곳을 찾았다. 순간 눈에 들어오는 광고, 제약회사 또는 병원 근무 경력자를 구한다는 구인 광고였다. 이건 나를 위한 일터가 될 수 있겠다는 기대와 희망이 밀려왔다. 바로 전화를 하고 이력서를 제출한 다음 면접날짜가 되어서 회사에 갔더니, 삼십여 명 정도가 인터뷰를 하기 위해 모여들었다.

저마다 이력이 만만치 않을 정도로 쟁쟁했다. 심층면접? 끝에 합격 통지서를 받았고, 일주일 후에 바로 출근하라는 연락까지 받았다. 그런데 참 당황스럽게 했던 것은 그 업체는 새로운 신생업체였고, 구제금융이 시작된 지 2년이 지나서 창업이라는 것도 대단하다고 생각했지만, 폐수를 수거하여 은을 추출하는 업체라서 그러기도 했다. 나름 양복입고 품이 나는 생활을 했던 나로서는 앞으로 그 일을 감당할 수 있을는지 그게 더 걱정이었다. 더군다나 작은 트럭을 끌고 다니면서 폐수를 수거해야했다. 급여는 적당했고, 나름대로 입사동기들끼리 서로 위로하면서 그 힘든 시기를 견뎌냈다. 때로는 추운 날, 폐수를 병원에서 가져다가 트럭에 있는 폐수수거통에 옮겨 실을 때는 너무 힘들었고, 매서운 바람이 싸늘하게 옷깃에 스치기라도 하면 너무 추워서 당장이라도 그만두고 싶은 심정이었다. 그러면 나는 마음속에 이렇게 다짐을 했다. 이 또한 곧 지나갈 것이다. 터널 뒤에는 밝고 따뜻한 바깥세상이 나올 것이다.

지금도 그 당시 일을 생각하면, 어떻게 나에게 그런 긍정적인 마음이 있었을까? 신기하기도 했었지만, 아마 어머니의 기질과 애착형성 과정에서 영향을 받은 것 같다. 그리고 내 안에 커다랗게 자리하고 있는 열등감이 그 상황을 견디고 이겨낼 수 있도록 한 것으로 보인다. 내가 지금 주저앉으면 평생 일어날 수 없을 것이다. 또 혹시라도 아는 누군가 초라한 내 모습을 보기라도 한다면, 그래서 나의 꼬락서니를 보고 그럴 줄 알았다고 비아냥거릴 거라는 상상이 나를 못 견디게 했고, 그런 심리적 상태가 나의 열등감을 더욱 자극했던 것 같다.

그렇게 자신과 거의 매일 씨름하면서 몇 개월을 정신없이 일에 매달려 시간을 보내고 있었다. 그날도 폐수를 싣고 가는 길이었다. 한참 회사를 향해서 가고 있는데, 전화벨이 울렸다.

"여보세요?"

"신주임?"

"아, 임부장님! 어쩐 일로 전화를 다 주시고, 무슨 일 있으세요?"

"너 나하고 같이 일할 생각 없냐?"

"무슨 일을..."

"어, 내가 약품회사를 차렸어, 같이 일해 보자!"

사실 폐수 일보다 제약 일이 여러모로 더 괜찮은 직장이었고 안정성도 있었다. 또 전 직장 상사로부터 콜을 받다보니 마음이 확 끌렸다. 나의 우월을 향한 추구는 내 안에서 발동하기 시작했고, 지금보다 나을 것이라는 기대하는 마음이 커져서 결국 이직을 결심하게 된다.

처음 쉬운 일이란 없다는 말처럼 새로운 시장을 뚫다보니 어렵기는 했다. 그래도 나를 믿고 끌어주신 임부장님께 보답하고 싶은 마음과 그에게 더 인정받고 싶었던 나는 정말 열심히 일했던 것 같다. 특히 약품회사에서 특별대우로 지역 한 곳을 떼어 주면서 그 지역을 활성화 시켜 판매한 금액 중에 입금할 금액을 제하고 나머지는 내 몫으로 챙기라는 것이었다. 이렇다 보니 열심히 한만큼 남는 그런 직업이었다. 거래처가 늘어가면서 점점 윤택해진 생활을 하게 되었고, 주변은 시간이 갈수록 나에게 호의적인 모습으로 돌아가고 있었다. 마음의 여유까지 찾으면서 열등감 극복을 향한 마음이 더 강렬해지고 있었다.

발달(發達)과 심리코칭

열등감

자기 자신이 다른 사람들에 비해서 못났다고 생각한다. 열등감은 우월한 대상을 보면서 그 대상을 모델로 삼고 자기의 부족한 면을 극복하여 그 우월한 대상을 따라잡고자 하는 마음을 갖게 하며, 열등감을 극복하기 위해서 노력하게 하는 원동력이 되기도 한다. 열등감이 지나친 사람은 주변에서 자신에 대하여 아무리 좋은 말을 해주고, 격려와 칭찬을 해주어도 있는 그대로 받아들이지 못하고, 자신의 긍정적인 면을 인정하는데 어려움을 겪는다.

열등감의 원인은 여러 가지가 있다.

첫째, 부모로부터 가장 크게 부정적인 영향을 받은 사람이다. 부모 중에 누군가에 의해 비난을 듣는 다든지 폭언, 폭행, 주도성을 잃게 하는 심한 간섭 등이 열등감을 갖게 한다. 그리고 지나치게 엄격한 가정이거나 형제간에 일어날 수 있는 경쟁 관계 안에서 열등감을 키우게 한다. 부모의 끊임없는 형제간의 비교가 그 한 예라 할 수 있다. 이렇게 되면 자기가 무능력한 존재라고 생각하게 되어 열등감을 갖게 되는 것이다. 둘째, 부모로부터 버림받았다는 감정이 자신을 지배할 때 나타난다. 자기는 사랑 받을 자격이 없는 버림받은 사람이기 때문에 못난 사람이라는 정서가 깔려있다. 이럴 때에 존중받지 못하는 자신을 존중하지 못하고, 자신감이 없어서 낮은 자존감이 형성됨으로써 열등감을 갖게 된다. 셋째, 부모로부터 지나친 과잉보호를 받을 때 열등감을 갖게 한다. 자녀가 하고자 하는 행동을 기다리고 격려하면서 배려해야 하는데 보통은 아이들이 행동이 굼뜨기 때문에 기다리지 못하고 부모가 대신 해버리게 된다. 이렇게 되면 아이는 자기 자신이 할 수 있는 게 없고, 성공과 성취감 등을 경험할 수 있는 기회를 박탈당함으로써 어떤 문제에 대하여 극복하는 과정을 배우지 못하게 된다. 이런 상황이 되면 자신을 신뢰할 수 없게 되고, 못났다는 생각을 하게 되면서 열등감을 갖게 된다. 그 외에도 열등감이 심한 사람은 비판에 대하여 민감하게 반응을 하고, 지나치게 칭찬에 목말라 하기도 한다. 아무리 칭찬을 들어도 만족하지 못하고 끊임없이 칭찬에 목말라한다. 그리고 자신을 타인이 어떻게 생각하고 있는지 예민하게 반응하고, 눈치를 본다.

비합리적 사고

비합리적 사고는 사람마다 가지고 있는 인지의 틀에서 시작된다고 할 수 있다. 우선 스키마를 이해해야 하는데, 이 스키마는 정보 처리의 기본적인 틀이라고 말한다. 모든 인지하는 사고의 기초가 된다. 이 스키마가 모여서 자동적 사고를 하게 하는데, 즉 정보의 기본적인 틀, 인지하는 사고의 기초가 모여서 자동적 사고를 통해 어떤 대상에 대하여 인지하는 것이다. 자동적 사고는 하나의 사건을 평가하거나 판단하는 과정인데, 이것은 자신도 모르게 아주 순식간에 일어나게 된다. 그런데 이렇게 정보처리의 기본적인 틀이 모여 자동적 사고를 하게 될 때에 기본적인 틀이 경험한 세계가 어떤 경험이냐에 따라 자기만의 주관적 사고가 생기게 된다. 주관적 사고는 무의식과 의식의 사이라고 말하기도 하고, 의식 바로 아래에서 인지하는 모든 것을 말한다. 이렇게 자신만의 주관적 사고가 다른 대상과 다른 사고를 하게 되는 경우, 자기가 경험한 세계를 옳다고 여기고, 그 주관적 경험에 신념을 불어넣는 것을 비합리적 사고라고 한다. 예를 들어 부부간에 비합리적 사고를 통해서 갈등을 일으키게 된다. 말하자면 자신이 경험한 주관적 사고가 자기 안의 신념이 되어있다면 그 신념에 따라 옳고 그름을 판단하게 된다. 이때 아내가 살아왔던 원가족 안에서 아빠가 따뜻하고, 헌신적인 사람이며, 가사 일을 잘 분담하는 분이었다면, 남자는 다 자상해야 한다는 것을 신념으로 갖게 된다. 반면에 남편은 가부장적인 가정에서 성장했다면 그런 아버지의 모습에서 남자는 권위적이고, 대접받아야 된다는 신념을 갖게 되는 것이다. 이렇게 될 때, 둘의 경험이 상이하게 다름으로써 문화충돌이 일어나게 되는데, 이런 문화충돌은 자기가 경험한 세계가 다르기 때문에 일어나게 된다. 이러한 충돌의 배경에는 비합리적 신념 때문에 일어나는 것이라는 것을 알 수가 있다.

사랑하는 사람이 우리 엄마 같아요

그러던 어느 날 갑자기 동생이 다니는 교회에 나가고 싶다는 생각이 들었다. 어려서부터 신앙생활을 했던 나는 갈급하고 허전해져 가는 마음 때문에 견딜 수가 없었다.

교회에 등록하고 청년부에 소속되었다. 청년부 모임에 자주 나가게 되고, 그들과 어울리다보니 점점 그 모임이 익숙해져 갔고 교회 청년들과도 자연스럽게 만나면서 주도적인 사람이 되어 갔다. 재미있었다. 남자 청년들과 어울리는 것도 좋았지만 여자 청년들과 어울리는 게 그렇게 좋을 수가 없었다. 그러다가 내 삶에 가장 기억에 남을 날이 다가오고 있었다.

청년들과 친해져 갈 무렵 온통 나의 전부라고 해도 과언이 아닐 그런 사람이 내 앞에 나타난 것이다. 총각의 마음을 흔들어 놓고 푹 빠지게 한 여자 후배를 만나게 된다. 그날도 청년 모임을 마치고 여럿이 모여 볼링 게임을 하고 있었다. 나는 전체 분위기를 즐겁게 하기 위해서 오버를 하기 시작했다. 너무 조용하면 재미가 없을 것 같다고, 뭔가 요란하고 활동적이어야 모임이 잘 된다고 생각했다. 또 그렇게 하는 행동이 마치 남자다운 모습이라는 나만의 주관적 사고로 맞지도 않는 옷을 입고 어정쩡한 분위기를 연출하는 사람처럼 자기 마음과 다른 행동을 했다.(이것을 비합리적 신념 또는 비합리적 사고라고 한다.) 나의 희생으로 전체가 즐거울 수만 있다면 이 한 몸 불사르리라고 다짐하며 한 사람 한 사람 일일이 신경을 썼다.

지금도 그 때 행동들이 떠오를 때마다 참 힘들게 살았구나, 지나치게 남의 눈치를 보고 살았다는 생각이 든다. 집에 들어와서는 나를 무시하고 거절한 느낌이 들었던 상황들을 재현하면서 후회와 마음 아파 힘겨워 했었던 내 모습이 기억난다. 그리고 그때와 지금의 일을 생각해 보면서 내 자신이 이제는 자유롭고, 편안한 심정으로 관계를 유지하고 있다는 게 신기하기까지 했다.

아무튼 한 참 오버를 하고 있을 즈음에 볼링장 문을 열고 들어오는 여자가 있었다. 안경을 썼고, 적당한 키에 얌전하고, 지적이며, 온화해 보였다. 자꾸 눈이 가는 그런 여인이었다. 다행히도 우리 교회 청년이었고, 직장 때문에 청년 모임에는 자주 참석하지 못했다는 것과 앞으로 되도록이면 모임에 참석하겠다는 말도 함께 나누는 것이었다. 그녀와 청년 회장이 이야기를 나누고 있다가 갑자기 나를 불렀다. 자연스럽게 인사를 하고, 그녀의 눈에 더 띠고 싶어서 남자다움을 맘껏 과시했다. 그때 내가 남자다운 행동을 하면 그 후배가 관심을 가져줄 것이라 여겼던 일이 무안하고 얼굴이 달아오르는 것처럼 창피하기까지 하다. 지금에야 하는 말이지만 참 어색한 행동이자 여자들에게 능력 있는 남자의 이미지보다는 너무 오버를 하는 불편한 대상이었다는 것이다. 아내가 가끔 하는 얘기가 왜 그렇게 행동했냐고? 자기의 그런 행동이 오히려 비 호감이었다고 한다.

그런데 왜 내가 그렇게 그녀에게 마음을 빼앗겼을까? 어떤 면에서는 그녀의 성격이 내 어머니와도 유사하다는 것을 느끼고 있었나 보다. 처음부터 어머니에 대한 이미지를 떠올린 것은 아니지만 무의식에서는 익숙한 느낌에 끌렸던 것으로 보인다. 어머니는 따뜻하고 부드럽고, 웬만한 일은 다 수용하시던 어머니였다. 그런 어머니의 이미지와 비슷했기 때문에 저 여자는 분명히 따뜻하고 배려 잘하는 여자일 거라고 의심에 여지없이 그냥 받아들였다.(보통 '이마고'라고 하는데 어머니와 나와의 관계에서 형성된 주관적 경험이 내안의 이미지로 자리 잡고 있는 것을 의미한다.)

나는 청년부 모임에 더 적극적으로 나가고, 드디어 청년 회장까지 되었다. 내 마음에는 온통 그녀에게 집중하는 것이 최우선이었고, 회장이 된 것도 아마 그녀에게 더 가까이 다가가고자 했던 마음 때문인 것 같다.

나는 그녀에게 점점 더 가까이 다가갔다. 그리고 그녀에게 고백을 했다. 결과는 뻔했다. 보기 좋게 거절을 당하고 낙심하여 슬픔에 빠져 있었다. 다시 마음을 다져먹었다. 그녀를 내 연인으로 만들겠다는 열망만이 내 안에 있을 뿐이었다. 열 번 찍어 안 넘어가는 나무 없다. 그래 용기 있는 자만이 미녀를 차지할 수 있다. 어이없게도 나만의 해석과 긍정 왜곡을 통해서 계속되는 도전이었다. 그리고 주변 지인들을 동원하기 시작했다. 담임목사님, 부목사님, 여자 후배 등등 모든 동원할 수 있는 것들은 모두 동원하고 활용했던 것 같다. 그 당시 왜 그렇게 포기하지 못하고, 매달리고, 어르고, 애원하고, 참 놀라울 정도로 절제를 하면서 접근하고, 도전했던 것 같다.

이런 나의 모습은 어디서 온 것일까? 그것은 엄한 아버지를 통해서 나를 위하고 보호하기 위한 심리적 요인에서 자기에 대한 자기애적인 사람으로 만들어진 것 같다. 그리고 맞벌이를 하시는 부모님, 아침 일찍 나가서 장사를 하고 밤에 들어오시는 엄마를 그리워하며, 애타게 기다리는 돌봄에 대한 갈망이었던 것 같다. 엄마의 사랑에 대한 결핍에서 오는 그리움과 열망으로 비롯된 포기할 수 없는 애착의 대상이었다. 그렇게 열심히 매달렸던 탓에 지금의 아내 정혜를 사귀게 되었다. 이후 이러한 나의 갈망은 결혼을 하고 난 다음에 문제가 되어 나타나기 시작한다.

발달(發達)과 심리코칭

애착형성과 긍정적 마음의 연관성

애착형성 시기를 심리학자들마다 약간은 다르게 설명하기 때문에 어느 시점이라고 정확하게 말하기보다는 대체적으로 그 시기를 구분해야 한다. 정신분석이론을 따르는 '라깡'은 6개월~18개월 정도에 거울단계를 통해 엄마와의 정서적인 유대와 행동 등을 흡입하는 단계라고 보았다. 거울단계는 거울뉴런과 같은 의미를 가지고 있는데, 거울뉴런은 부모 특히 엄마의 정서적인 표현, 행동양식 등을 그대로 흡입하듯이 복사하는 기능을 가지고 있다.

애착이론의 '보울비'와 그 외 애착이론 학자들도 초기성장과정 약 3년 안에 애착형성을 한다고 보았으며, 이때 엄마와의 애착형성이 잘 만들어지면 건강한 자아를 갖게 되고, 긍정적 사고를 할 수 있는 기반이 된다고 한다.

대상관계에서도 대체적으로 만 3세 이전에 엄마와의 친밀한 관계형성과 분화되는 과정을 통해서 아이가 자기를 존중하고,

건강하게 자아를 형성할 수 있는 조건을 마련한다고 보았다.

이렇듯 초기성장과정에서 약 만 3세까지 엄마와 애착을 형성하는 것이 얼마나 중요한지 알 수가 있는데, 이때 엄마와 애착을 잘만 형성하게 되면, 아이는 자기 긍정이 생기면서 분열되어 있는 여러 미해결 된 문제를 규합하고 이겨내는 힘을 갖게 된다. 그래서 초기성장과정이 그만큼 중요한 것이며, 어떤 상황에서도 엄마와 애착형성을 하는데 중점을 두어야 한다. 그리고 분열이란 아기가 원하는 것을 제대로 해결하지 못하고 미해결 된 상태가 되어 남게 되는 것을 의미한다. 이렇게 섬처럼 각자 떨어져 미해결된 섬으로 만들어진 내적기반을 보통 분열 때문이라고 설명하기도 한다.

엄마들 가운데 자신은 아이와 애착형성이 잘 안 된 것 같고 염려하는데 애착형성은 늘 옆에서 무조건 밀착되어야만 한다는 것이 아니라 어느 정도 시간을 어떻게 보냈느냐에 따라 결정된다고 보았다. 그래서 학자들마다 견해가 다르긴 하지만 약 3시간 정도의 밀착이라고 한다면 괜찮다는 견해도 있다. 그런데 여기서 중요한 것은 엄마의 사랑을 얼마나 깊게 주고, 아기의 안전기지가 되어 주었느냐이다. 그만큼 엄마의 정서와 정성, 사랑이 필요하다는 것을 유념해야한다.

아버지의 엄한 훈육(비난)과 인정욕구의 연관성

아버지는 유독 장남에게 엄했던 것 같다. 아니 조금이라도 흠이 보이는 것을 못 견뎌했다. 자식이 잘못해서 주변 사람들에게 부정적 평가를 받는 것에 대하여 많이 힘들어했다. 아버지는 동네 어른 누군가로부터 아들의 실수를 듣기라도 하면 그날은 불호령이었다. 아니 거의 학대수준이었다고 할 수 있다. 그 외에도 당신이 어린 시절 경험한 일로 인해서 형성된 비합리적 사고로 자식들을 판단했고, 이러한 아버지의 판단과 비합리적 사고는 고스란히 자식들에게 전가되었다.

결국 아버지의 비난과 학대에 가까운 달초는 낮은 자존감을 형성하게 했으며, 인정받지 못한 아들은 끊임없이 인정을 받기 위해서 노력하는 모습을 보이게 된다.

이렇다보니 아버지의 비난은 못나고 능력 없는 자로 만들었고, 사랑받지 못한 자, 인정받지 못하는 사람이라는 생각에서 벗어나지 못하게 했다.

아버지의 사랑이 잘못된 방식으로 표현하게 된 것이고, 당신이 어려서 돌봄을 받지 못했었기 때문에 어떤 식으로 훈육을 해야 하는지를 잘 몰랐던 것 같다. 무엇보다 할아버지 또한 너무 엄한 환경에서 성장을 했고, 그런 부정적 패턴은 대를 이어서 전가한 것이라 할 수 있다. 본인도 아버지로부터 부정적 표현 방식의 피해자이기도 하지만 아버지 또한 피해자라는 것을 알 수 있었다. 이를 통해서 아버지가 나를 미워해서 엄하게 대한 것이 아니라 당신이 배웠던 방식으로 그렇게 행동한 것임을 깨닫게 되면서 내 안에 문제가 조금씩 풀리게 되었고 해결되었다.

이처럼 인정받지 못한 사람은 자아존중감이 약하고, 그런 배경에서 성장하게 되면 언제나 인정욕구에 목말라하고 인정을 받기 위해 주변 사람들을 경쟁상대로 생각한다.

우리 주변을 보면 사람들이 자기를 어떻게 평가하는지 알고 싶어 하거나 한마디 말에도 예민하게 반응하는 사람을 볼 수 있을 것이다. 그리고 경쟁을 하면서 탁월함을 추구하고, 인정받기 위해서 과도하게 일을 하기도 한다.

이러한 모든 행동이 바로 어린 시절 부모나 주변 영향에 의해서 형성되는 것이며, 엄격한 부모의 훈육과 인정욕구의 연관성으로 나타나게 되는 것이다.

02

결혼 그리고
신념과 싸우다

배우자에 대한 넉넉한 마음은 세 달이었다

꿈만 같았다.

아내 정혜는 고전적이고 단아했다. 그녀는 순하고 지적이고 매력이 넘치는 그런 여인이었다. 거기에다 영어를 참 잘해서 더욱 괜찮아 보였고, 나에게는 과분한 여자였다.

시간은 꿈같이 지나고 있었다.

나는 집에 들어가면 누워있거나, 리모콘을 붙잡고 텔레비전과 시간을 보냈다. 아내는 아무 말이 없었고, 그게 당연한 것이라고 나는 생각했다.

아버지는 가부장적인 남자였다. 집에 들어오면 최고의 실력자 능력자 감히 범접할 수 없는 그런 분이었다. 엄하기가 호랑이 같았고, 불호령이라도 떨어지면 온 가족은 무서움으로 옴짝

달싹 할 수가 없었다. 그 정도로 가족은 아버지의 권위에 도전할 수 없었고, 모든 집안 살림은 어머니 몫이었다. 그러므로 남자는 집에 들어오면 쉬는 것이고, 아내는 살림을 하는 것이 당연하다고 생각했다.

두 달째 지나가고 있었지만 아내는 묵묵히 잘 반겨줬고, 아무 내색이 없었다. 이런 천사가 없다고, 나는 결혼을 정말 잘했다고, 세상 부러울 것이 없었다.

그리고 집에 들어가면 밖에 있었던 일을 이야기하면서 칭찬을 듣고 싶어 했고, 그때마다 아내는 어색한 표정 없이 자연스럽게 칭찬을 해줬다. 매일매일 서로 대화를 하면서 격려와 칭찬에 굶주린 나는 그날 있었던 일을 꺼냈고, 끝에는 내가 잘했다는 이야기로 끝을 맺었다.

세 달째가 지나가고 있었다. 참 아내가 많이 힘들었던 것 같다. 과묵한 친정 아빠를 이마고(이미지)로 가지고 있었던 아내가 나를 바라볼 때마다 얼마나 당황스럽고 이해하기 힘들었을지 상상이 간다.

들어가면 아내를 엄마라고 생각하고, 사랑에 굶주린 어린 자아가 아내에게 엄마가 되어달라고 그렇게 보채고 있었다.

아내도 친어머니가 초등학교 5학년 때 세상을 떠나셨다. 그러다보니 엄마의 사랑이 그리웠을 텐데, 그런 아내는 나의 이마고(이미지)가 엄마의 따뜻한 사랑뿐만 아니라 아빠의 사랑까지 줄 수 있는 남자로 비쳐졌을 것이다. 그래서 아빠와 엄마의 사랑을 나를 통해서 얻으려는 무의식이 결혼까지 이끌었을 것으로 보인다. 사실 나의 이마고에는 어머니의 따뜻한 이미지가 있다는 것을 심리상담을 전공하고 난 다음에 이해하게 되었고, 그런 이미지가 자상한 아빠의 느낌으로도 보여 지게 했던 것 같다. 그러니 아내가 나를 통해서 사랑을 받고 싶었을 텐데... 특히 아빠의 사랑을 더욱 원했을지도 모른다. 그런데 나는 엄마의 사랑만 요구하고 있었으니 많이 힘들었겠구나싶었다.

그날도 여전히 똑같은 마음으로 집에 들어갔다. 아내는 나를 기다리고 있었고, 변함없는 표정으로 반갑게 맞아줬다. 아내와 일상적인 이야기로 시작했고, 저녁식사를 했으며, 리모콘을 들고 텔레비전이 있는 방으로 들어갔다. 아내는 여전히 불만스러운 마음을 숨긴 채 설거지를 하고 있었다.

화면에는 나를 유쾌하게 하는 내용이 나왔고, 너무나 웃겨서 박장대소를 하며 방바닥을 두들기고 있었다. 그때였다.

느닷없이 문을 확 열고 들어온 아내가 분노에 찬 모습으로 나를 쏘아보고 있었다.

나는 왜 그러냐고 물었고, 그 상황을 도저히 이해할 수가 없어서 어이없다는 표정으로 아내를 응시했다. 아니 그런 아내의 모습을 처음 목격하는 순간이었기 때문에 너무나 당황스러웠다.

아내는 다짜고짜 말하기 시작했다.

"어떻게 돼먹은 사람이에요?"

"결혼을 왜 했어요?"

"내가 무슨 몸종으로 보이세요?"

"언젠가는 미안해서 날 도와줄 거라고 생각했어요."

"그런데 지금 세 달이 지나도록 자기만 생각하잖아요."

"말 좀 해보세요."

나는 눈만 커다랗게 뜨고 이 상황을 어떻게 봐야하는지 정리가 되지 않았다. 왜 아내가 이렇게 분노하고 있는지 조차 알지 못했기 때문이다. 지금 생각해보면 참 한심한 남자였다.

"아니, 정혜야!"

"오빠가 뭘 잘못했다고 그러는 거야!"

"그리고 어디서 오빠한테 눈을 치켜뜨고 그렇게 잡아먹을 것처럼 쏘아보는 거야!"

　나와 정혜는 서로의 경험과 그를 통해서 나오는 사고패턴, 비합리적 신념이 어떻게 표현되고 있는지 알 수가 없었기 때문에 심각하게 싸웠던 것 같다. 어릴 때부터 성장해왔던 초기 양육과정이 달랐던 사람들이 지금 남녀로 만나 살다가 첫 번째 문화 충돌이 일어나고 있는 것이다. 각자 자기의 입장 그러니까 자신만이 경험한 세상을 이마고로 농축했다가 풀어내고 있었다. 내가 경험한 삶이 옳다고 여겨왔는데, 다른 상대방에게는 수치스러움과 거절감, 열등감, 모멸감 등을 느끼게 할 수 있다는 것이다.
　아내는 이렇게 말을 했다.

"어떻게 아내가 설거지를 하고 있는데, 혼자 편안하게 누워서 텔레비전을 볼 수가 있어요?"
"왜 그렇게 이기적이세요."
"아빠는 다른 일이라도 도와줬는데, 자기는 아무 것도 손 하나 까닥하지 않잖아요."

나는 그게 아니라고 말하는 것 외에는 할 말이 없었다. 그리고 마음 안에서는 서운했고, 권위에 도전하는 아내로 보였다. 왜냐하면 나는 아버지처럼 당연한 행동을 한 것이고, 아내도 어머니처럼 당연한 행동을 한 것이기 때문이다. 나 또한 그런 분위기에서 아버지는 어렵고, 무섭고, 도전할 수 없는 사람이었다. 그러므로 응당 나에게 어떠한 말도 해서는 안 되는 것이라 여겼다.

　그때 그 모습은 지금도 회자되는 이야기이다. '아내가 얼마나 힘들고 서운했으면 그랬을까?' 라고 생각하면서 미안한 마음이 들었다. 아내는 나에게 참 많이 변했다고 말을 한다. 하지만 어떤 때는 그때 어려워했던 감정을 회상하면서 힘들어 하는 아내를 보게 된다. 그러면 그랬던 내 자신이 부끄럽고 미안한 마음이 들어서 일부러 능청 떨거나 다른 소리를 해댄다. 아내는 참 많이 인내했던 것 같다.

　지금은 그런 아내의 마음을 이해하고 억압된 마음을 발산하게 하면, 시원한 듯 편안한 표정을 짓는 아내를 보면서 나름 스스로 대견하다는 생각을 하기도 한다. 때로는 여전히 아내에게 소가지를 부리기도 하지만 전보다는 많이 좋아졌다고 스스로 위안을 삼는다.

발달(發達)과 심리코칭

이마고

구스타프 융은 가족들과의 관계를 통해서 무의식적 원형이 만들어지는데, 이것을 '이마고'라고 했다. 라틴어로는 이미지라고 한다. 이렇게 형성된 '이마고'는 다른 사람들과 관계를 맺어가면서 자신의 이마고와 비슷한 대상을 긍정적으로 보거나 부정적 대상으로 본다는 것이다. 이것은 자신의 주관적 이미지이기 때문에 상상적 실체로서 실제 개인에게 투영하는 것이 아니라 주관적 실체로 투영하게 된다. 말하자면 주관적으로 경험한 가족에 대한 이미지가 초기 무의식에 표상으로 남게 되면서 그 경험한 이미지대로 상대방을 보게 된다. 그래서 자신의 이마고에 의해서 객관적으로 보기보다는 자기 입장에서 느끼고 이해하려고 한다는 것이다.

예를 들면 이렇다. 많은 사람들이 아버지의 이미지가 부드럽고 자상한 인상이라고 한다. 하지만 딸은 아버지가 무섭고, 자상하지 못한 사람이었다고 생각하고 있다. 그러면 그 이마고가 표상이 되어, 아무리 자상하고 따뜻한 남성이라고 할지라도 아

버지와 비슷하게 생겼다고 느끼게 되면 부정적 이마고로 그 남
성을 나쁜 남성이라는 고정관념을 갖게 된다.

여성의 심정패턴과 남성의 심정패턴

여기서 그렇다면 여자의 심리 패턴은 어떤 것인가?

여성들은 잘 참는 것 같다. 아니 불편한 감정이 생기면 억압을 하는 경향으로 나타나거나, 차곡차곡 속에 담아 두기도 한다. 물론 다 그렇다는 것은 아니지만 대체적으로 그렇다. 그러다보니 가슴에는 점점 아픔이 쌓여간다. 하나를 쌓아놓고, 그러면 이 문제를 해결해야 하는데 해결이 되지 않은 상태에서 또 하나가 쌓여간다. 그래서 많이 쌓여서 감당하기 힘든 상태가 되었을 때에 여성은 폭발을 한다. 분노를 표출한다는 것이 아무 때나 그렇게 하는 것이 아닌 경우가 많다. 쌓였던 감정을 말하는 것이다. 그리고 개선된 결혼생활을 위해서 표현하는 것인데, 남성들은 그런 아내의 마음을 알아차리지 못하고 고집을 부리는 경우가 많다. 상당수가 이에 포함된다고 보면 된다. 실제 상담 현장에서 내담자들을 만나보면 아내의 마음을 이해하지 못한다. 왜 아내가 저렇게 분노하고 있는지 조차 모르고 답답하다는 입장표명만 한다. 이럴 때 남자는 전에 내가 이렇게 저렇게 잘했는데 너는 어떻게 나쁜 것만 이야기 하냐고 오히려 불만을 토로한다.

아마 지금 이쯤 되면 은근히 부아가 치밀 것이다. 어쩜 우리 신랑하고 똑 같으냐고, 왜 남자들이 다 그런 거냐고 말하고 싶을 것이다. 그런데 남성과 여성의 차이를 좀 더 드려다 보면 분노보다 이해하는 심정이 커질 수 있다. 여성들은 대체적으로 가슴으로 말을 한다. 말하자면 정서적으로 발달했기 때문에 로맨틱한 이야기, 다정다감한 말 한마디, 따뜻한 손을 그리워한다. 다른 여러 가지 친밀감 있는 말도 중요하고, 따뜻한 위로의 말이 정말 중요하다. 내 마음을 알아서 헤아려주기를 바라지만 남성은 상대방의 마음을 이해하기가 어렵다. 그러니 그런 마음을 헤아려주는 남성이 너무나 좋은 것이다.

백마 탄 왕자, 자신의 마음을 속속들이 알아서 감성적으로 터치하는 그런 남자가 나오는 드라마가 대표적이다. 그런데 그런 남성을 꿈꾸게 만드는 작가는 대부분 여성작가가 집필을 했다는 것이다. 그러니 얼마나 마음을 흔들어놓고, 훅 들어왔다가 헤집어 놓겠는가 말이다. 드라마 장면처럼 내 마음을 알아줬으면 좋겠는데 말이다. 이런 여성의 마음을 알 리가 없는 남성들은 자신의 입장에서 생각하고 판단한다. 그러니 적반하장도 유분수지 자신의 실수가 뭔지도 모르고 오히려 어안이 벙벙하다는 표정을 짓게 되는 것이다. 그렇다면 여성들의 마음을 자신들처럼 왜 그렇게 모를까? 그것은 기질적으로 타고난 것이 다르기 때문이다.

아내는 애타게 나를 돌아봐 달라고 외치지만 남편은 왜 자꾸 날 힘들게 하냐고, 나도 힘들어 죽겠다고 한술 더 떠서 외쳐댄다. 남자들은 모성애적인 입장에서 접근하는 것이 어렵다. 여성들은 아이를 끌어안고 젖을 먹인다. 잠을 자다가도 아이가 배고프다고 보채고 울면, 그 힘든 상태에서 아이를 안고 젖을 먹인다. 이게 여성의 마음이며, 따뜻한 감정이다. 반면에 보통 남성들은 아이가 울고 보채고 온통 난리가 나도 나 몰라라 잠을 잘 자는 부류도 있다. 물론 아니라고 주장하는 남성들도 있을 것이다. 그럼에도 불구하고 나는 일반적 남성의 기질에서 나타나는 현상임을 미리 말한다. 그만큼 여성과 남성은 출생하면서부터 다르다. 이런 남자들이 이해가 안 되고, 얄밉고, 급기야 원수 같은 신랑이라고 생각한다.

남성은 서열을 중요하게 생각하고, 경쟁적 사고를 가지고 있다. 아내나 자녀를 소유하고 있다는 무의식적 사고가 상당수의 남성들에게 내재되어 있다. 여성들이 어떤 분위기 있는 상황이나 화목하고 따뜻한 분위기에 동화되어 도란도란 이야기하며, 시간가는 줄 모르는 여성들을 이해하기 힘들어 할 수 있다. 남성들은 표면적으로 나타나는 현상을 따지거나 논리적으로 이야기 하거나 수치적으로 계산하고, 무용담을 좋아한다. 이처럼 여성과 남성의 심리 정서적 패턴이 확연히 다르다. 그리고 남성들은 잘해준 것을 잘 기억한다. 그리고 실수하거나 못해준 것에 대한 기억을 잘 못한다. 그 이유가 뭘까? 그것은 기본적으로 집안일하는 것을 힘들어 하기 때문이다. 정서적으로 마음을 만나주는 게 약하기 때문에 상대 아내가 무엇 때문에 힘들어 하는지 감지하지 못한다. 그리고 이렇게 되면 자신이 한 실수가 무엇인지 모르고, 그저 그 상황을 피하고자 회피하는 마음이 커져서 방어하려다 보니 어느 순간 자신의 입장에서만 말하게 된다.

바로 여기서 여성과 남성의 싸움이 시작되는 것이라 할 수 있다. 서로 성장한 배경이 다르고, 남녀가 다른 환경에서 겪은 여러 가지 경험이 되어 비합리적 사고 또는 비합리적 신념을 낳게 된다. 이런 비합리적인 사고로 평생 동안 살면서 싸우게 되고, 아내는 남편을 고치고 싶어 하고, 남편은 방어하면서 외면하고 이렇게 저렇게 부딪히면서 감정적으로 악화되어 가는 것이다. 이렇게 상황이 계속 부정적으로 재현되다보면 후속적으로 자녀들에게 좋지 않은 영향뿐만 아니라 자녀들의 마음에 상처를 주고, 부정적 자아상과 낮은 자존감을 형성할 수도 있다는 것이다. 또한 계속되는 심적인 어려움은 자녀에게 스트레스를 주면서 불안을 가중시키며, 틱이나 주의집중력의 어려움, 산만한 아이의 경우에는 더욱 문제를 키우게 된다는 것을 알아야 한다.

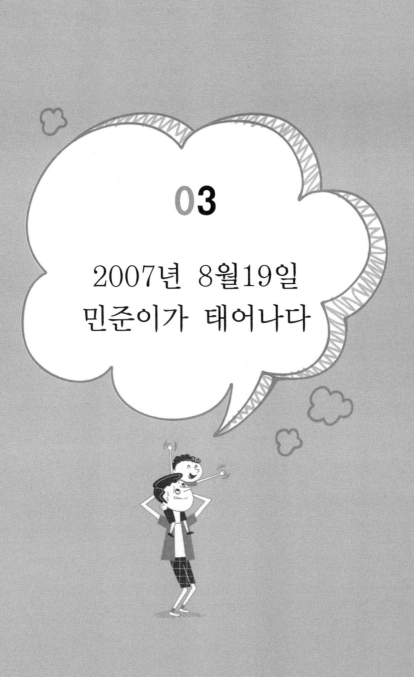

03

2007년 8월19일
민준이가 태어나다

아들 민준이의 출생

아내와 나는 많은 갈등을 겪고 있었다. 결혼 5년차가 되었지만 자주 의견충돌이 일어났다. 고집부리고 화내는 나를 보면서 속상해 하던 아내를 보면 그런 아내의 모습이 싫어서 버럭 화를 냈다. 내 마음과는 다르게 표현하고 있는 내가 싫었다. 하지만 뜻대로 되지 않았다.

그리고 우리 사이에 아이가 생기지 않는 것도 불안 요소 중에 하나였고, 긴 시간 초조하게 기다렸다. 사실 결혼 3년 차에 어렵게 아이를 가졌지만 그 아이는 4개월을 견디지 못하였다. 추운 날 행사 때문에 밖에 서있던 아내는 몸에 이상 신호를 느꼈고, 그 시간부로 갑작스럽게 유산이 되었다는 것을 알게 되었다.

부부 사이가 점점 소원해져 갔다. 마음속으로 아이에 대한 미련을 놓으려고 했고, 한편으로는 입양까지 생각을 하기도 했다.

시간은 흘러 결혼 5년 차가 되었다.

여전히 아이가 없었고, 일상적인 하루하루가 지루하게 지나고 있던 늦가을 어느 날이었다. 아내에게서 생리가 멈췄다는 것과 느낌이 예전과 다르다는 것이다. 오랫동안 소식이 없어서 설마 했는데, 임신 테스트를 하니 믿어지지가 않는 검사결과가 나왔다. 남들은 5년 가지고 뭘 그러느냐고 하겠지만 참으로 긴 시간이었던 것 같다. 한 번의 유산과 그리고 결혼 5년 차에 임신은 말로 다 표현할 수 없는 기쁨이었다. 조심조심 혹시나 무슨 위험한 일이 또 발생하지는 않을까 노심초사 살얼음판을 걷는 심정으로 살피고 조심했다.

드디어 2007년 8월19일 새벽 4시 약 5시간의 진통 끝에 서울 성애병원 산부인과에서 태어났다. 처음 세상 밖으로 나왔을 때, 몇 초간 울음소리가 없었다. 초긴장 상태, 그리고 엉덩이를 살짝 때리는 순간 민준이는 커다란 울음소리로 자신의 출생을 알렸다. 조심스럽게 아들의 탯줄을 자르고 보았다. 뭐가 뭔지 모르겠고, 처음 본 순간 아이의 생긴 모습이 참 못생겼다는 생각이 들었다.

늦은 밤부터 초긴장을 해서 그런지 정신이 없었는데 한 숨 돌리고 나머지 일을 어느 정도 수습하고 나니 아이가 생각났다.

다시 본 우리 아이는 참 사랑스러웠고, 어렵게 얻은 아들인 만큼 어쩜 그렇게 애틋한지 눈물이 날 정도였다. 우리는 아들 이름을 민준이라고 지었다.

민준이를 보면서 다짐을 했다. 이 아이는 사랑으로 잘 키우겠다고, 아버지처럼 키우지 않을 거라고, 너무 엄하게 키우지도 않을 것이고, 따뜻하고 자상하게 키우겠다고 말이다.

그러나 아내와 나는 육아를 시작하면서 새로운 상황에 직면하게 된다.

아내는 민준이를 키우면서 씻기고, 젖을 먹이고, 돌보는 과정이 아내 정혜를 힘들게 했다. 옆에서 바라보고 있던 나는 무엇을 어떻게 도와야하는지 잘 몰라 잔소리를 듣는 일이 많아졌다. 아내가 새벽에 일어나 젖을 물릴 때도 잠을 자고 있는 아빠였다. 마음과는 다르게 일어날 수가 없었다. 어떤 때는 그런 상황조차 모르고 잠을 잘 때도 있었다.

아내와 나는 어떻게 시간이 지나갔는지 아니 정신없이 지나갔다는 것이 맞는 말일 것이다. 아이가 아파서 밤새 울 때는 둘이 어찌해야 할지 몰라 당황하던 모습, 이러다 큰일이라도 나면 어떻게 하냐고 발을 동동 구르며 걱정하던 일들...

민준이가 백일이 되가면서 나를 보는 눈이 더 또릿또릿해졌다. 말똥말똥 눈을 뜨고 있을 때가 점점 더 많아졌다. 어쩜 그렇게 예쁘고 귀여운지 눈에 넣고 싶을 정도다. 내가 웃으면서 여러 행동을 하면, 아가는 두 손을 막 움직이면서 따라하는 것 같았고, 어쩌다 아기가 까르르 웃어주면 견딜 수 없이 사랑스러워서 물고 비비고 온통 민준이에게 쏠렸다. 그때는 아기가 무슨 짓을 해도 다 용서해 줄 수 있을 것만 같았다.

시간이 흘러서 민준이가 돌이 되었다.

기어 다니던 민준이는 점점 일어서려고 시도를 했고, 드디어 일어서서 걷기 시작했다.

이 기간에 그러니까 태어나서부터 젖을 충분히 먹였던 것으로 보인다. 언제나 젖을 물렸고 충분히 엄마 품에서 젖을 먹였던 것으로 기억하고 있다.

엄마 품에서 엄마의 심장 박동을 들어가면서 편안한 마음을 가질 수 있었을 것이다. 여기까지는 민준이가 애착을 형성하는 데 큰 어려움이 없었을 것이며, 심정적으로 안정감을 느끼면서 정서적으로 신뢰감을 형성하는 시기에 이 부분을 무사히 넘긴 것으로 보인다.

이 시기에 애착형성이 제대로 되지 않았으면, 우선적으로 안정애착이 형성되지 않았을 것이며, 안정애착이 형성되지 않았다는 것은 나중에 성장하면서 사람들을 신뢰하지 못하고, 이로 인해서 대인관계를 형성하는데 어려움을 겪을 수가 있다. 또한 자기 자신이 수용되지 않았다는 무의식이 결국 자신에 대한 수용과 인정은 물론이고 타인에 대하여 이해하고 수용하는데 어려움을 겪는다.

여러 정황으로 볼 때, 민준이는 중요한 애착형성 시기에 1차적으로 잘 넘긴 것 같다.

발달(發達)과 심리코칭

거울뉴런

거울뉴런은 복사기능이 있는 것처럼 정서적인 표현이나 행동 등을 그대로 받아들이는 것을 말한다. 앞에 보이는 행동이나 소리 등을 듣게 되면 그것에 대하여 활성화되는 뇌세포를 뜻한다. 거울뉴런은 부모가 어떻게 하느냐에 따라 그 하는 양식을 보고 아이가 흉내를 내게 된다. 그래서 부모가 긍정적인 마음을 가지고 아이를 양육하게 되면, 거울 뉴런에 의해 그대로 받아들여 긍정적인 아이가 된다. 반면에 부모가 부정적이고 소극적인 성향이면, 아이는 그 부모의 행동 양식에 따라 부정적이고 소극적인 아이가 될 수 있다. 거울뉴런은 내사와 연관성이 있는데, 내사는 타인 또는 자신과 가장 밀접한 관계에 있는 부모에 의해서 그 대상의 특징이나 행동, 정서적인 표현 등여러 가지 행동 양식을 그대로 자기 것이라 여기고 받아들이게 된다. 그리고 그 받아들인 것을 동일시함으로써 부모로부터 긍정적인 면 부정적인 면을 그대로 받아서 동일시하게 된다는 것이다. 이것은 거울뉴런과 내사가 밀접한 상관관계가 있음을 말하는 것이다.

구강기, 애착의 공통성

구강기(0개월~18개월)는 정신분석이론의 프로이트가 주장한 심리성적발달이론의 5단계 중 1단계 영유아기에 속하는 발달단계이다. 이 시기에 심리성적욕구를 적절하게 만족시키지 못하고 결핍된 상태가 되면, 욕구를 해결하지 못하게 되어 심리적 욕구를 억압하는 결과를 가져온다. 이렇게 되면 건강한 자아상을 형성하기가 어렵고, 음주, 흡연, 먹는 것에 대한 집착, 키스 등 구강기의 결핍을 채우기 위해서 노력한다. 또한 이 시기 후반기에 제대로 해결하지 못할 경우 가학적이거나 껌을 심하게 씹는다든지 손톱을 물어뜯고, 과식, 공격적인 성격이 된다. 구강기에는 무엇이든 손에 잡히는 물건을 입으로 가져가는데, 이러한 행동을 너무 절제시킴으로써 만족을 시키지 못하게 해서 결핍이 되면, 성인이 되어서 사람들을 신뢰하지 못하고, 자신이 거부당했다는 생각에 사람들과의 관계에서 자유롭지 못하며, 깊이 있는 관계형성을 하는데 어려움을 겪는다.

애착이론에서도 애착형성을 하는데 가장 중요한 시기가 초기 영유아기부터 만 3세까지라고 보았다. 이 기간에 초기 양육자와의 관계를 매우 중요하게 보는데, 특히 초기양육자가 대부분 엄마가 되는 경우가 많아서 엄마와의 애착관계형성이 어떻게 되었느냐에 따라 아이의 성격이 형성된다는 것이다. 이 시기에 엄마의 안정된 돌봄은 아이가 안정된 애착관계를 형성함으로써 정서적으로 건강한 아이로 성장할 수 있는 기반이 마련되고, 사람들을 신뢰하는 마음이 생김으로써 성인이 되어서도 좋은 관계형성을 할 수 있다고 한다. 그래서 엄마가 정서적으로 불안하거나 일관된 행동양식이 결여되고, 아이 곁에 붙어있지 않고, 그때그때 반응을 하지 않는 부모로부터 양육을 받은 아이는 성격형성에 부정적 영향을 끼치게 된다.

이처럼 구강기와 애착이론의 애착형성이 신뢰하는 마음과 인간관계 형성에 대한 상호 공통적인 면과 연결성이 있다는 것을 두 이론에서 설명하고 있다. 그만큼 초기영유아기에 아이가 제대로 분화할 수 있도록 만족시키고 돌보는 엄마의 역할이 상당히 중요하다는 것을 알 수가 있다.

맞벌이와 돌보미

민준이가 돌이 지나고 우리 나이로 세 살이 될 무렵 돌보미 아주머니에게 아이를 맡기게 된다.

어쩔 수 없는 선택이었다. 그 당시 아내와 나는 공부방을 운영하고 있었다. 공부방뿐만 아니라 신학대학원을 다니고 있었고 다른 학원에서 중등과정 국어 강사를 하고 있었다. 그리고 신학대학원을 마치고 바로 상담대학원에 입학하게 된다. 이러니 시간과 마음의 여유를 찾는다는 것이 쉽지 않았다. 처음 집에서 시작했던 공부방도 점점 아이들이 늘어나면서 아내도 더 바빠졌고, 이렇다 보니 아이를 낮에 돌본다는 것은 어려운 일이었다. 그렇다고 어린이 집에 만 2세도 안 된 애를 맡긴다는 것은 무리였고, 설령 맡긴다고 해도 아이 성격형성에 좋지 않은 영향을 끼칠 수 있었다.

그래서 어린이 집 대신에 믿을 만한 아주머니에게 맡기는 것이 좋을 것 같다는 생각을 하게 된다. 공부방에 나오는 학생의 엄마가 있었는데, 성격도 밝고 무난하고 싹싹해서 안심을 하고 맡기기로 한다. 그런데 그 결정이 우리 민준이를 위한 결정이라기보다는 그것이 패착이었던 것 같다.

아침이 되면 돌보미 아주머니가 민준이를 데려간다. 민준이가 돌보미 아주머니 집에 도착하면, 그 집 친정어머니가 민준이를 돌보고, 돌보미 아주머니는 자기 일을 마치고 난 다음 다시 민준이를 돌봤다. 지금 생각해보면 민준이가 상당히 헷갈렸을 것으로 보인다. 아침에 돌보미 아주머니, 낮에는 할머니, 다시 저녁이 되면 엄마, 어린 민준이는 정신없이 바뀌는 양육자를 구분하는데 어려움을 겪었을 것이다. 그나마 다행스러웠던 것은 5시가 되어서 민준이가 엄마 품에 안겼기 때문에 그만하길 다행이었다.

영.유아 시기에 초기양육자가 자주 바뀌게 되면 '반응성 애착장애'가 생길 수도 있었는데, 현재 민준이를 보면 '반응성 애착장애'는 아닌 것 같다(반응성 애착장애에 대한 내용은 심리코칭에서 좀 더 자세히 다루고자 한다). 그러나 그 양육과정에서 다른 특이한 점을 발견하게 된다.

　민준이가 성장하면서 만3세 정도에 발견한 것 같다. 우리 나이로 5세까지는 민준이 혼자 성장했다. 여동생이 태어나기 전까지는 민준이가 모든 면에서 풍족했을 것이며, 누구도 민준이의 음식이라든지, 다른 소유하고 있는 것을 빼앗지 않았는데 이상하게도 아이는 무엇인가 불안해하고, 뺏기는 것에 대한 두려움이 있었다. 맛있는 간식을 먹더라도 양손으로 움켜지고, 뺏길까봐 웅크리고 긴장하면서 허겁지겁 음식을 입으로 가져갔다.

발달(發達)과 심리코칭

무의식

무의식이란? 의식하고 있는 것에 대하여 의식하지 못하는 것을 의미한다. 사람들은 자신이 의식하고 행동으로 옮기는 것이라고 생각하지만 정작 내 자신이 왜 이런 행동을 하고 있는지 모른다는 것이다. 그래서 우리 내면에 있지만 그것이 자신의 영역인지 모른 채 어떤 행동을 하게 하는 원인이 무의식이라는 것이다. 무의식은 인간의 정신 내용 대부분을 차지한다고 보면 된다. 이 무의식은 여러 가지 감정 등을 만들어 내거나 충동적인 성격의 원인이 되기도 한다. 무의식은 초기성장과정만 5세 전에 대체적으로 형성된다고 보기 때문에 초기성장 과정에서 어떤 양육과정을 거쳤느냐가 중요하다고 정신분석에서는 말하고 있다.

반응성 애착장애

반응성 애착장애는 초기성장과정에서 방임된 양육이나 초기 양육자에 의한 안락한 안전기지, 애정에 대한 정서적인 욕구가 지속되지 못하고 결핍된 상태가 되었을 때 나타날 수 있으며, 양육자가 영유아기 때에 자주 바뀌어서 안정적인 애착형성이 안 되었을 때에 발병한다. 반응성 애착장애는 보통 만 5세 이전에 발병한다.

이 문제에 직면해 있는 아이들은 무조건적인 애착대상을 삼으려고 해서 아무에게나 애착대상으로 생각하고 다가가려고 한다.

또 다른 반응성 애착장애의 증상은 마치 자폐증상과 비슷해서 자폐로 오인할 정도로 유사한 반응을 보인다. 이 장애는 부모에게 애착을 형성하려는 의지를 보이지 않는다. 엄마에게 다가가서 안기는 행동을 잘 하지 않으며, 매달리면서 엄마에 대한 애착을 보이지 않는다. 언어발달의 지체와 호기심이 부족하고, 물건에 대하여 집착하는 경향이 있다. 사람들과 눈을 잘 마주치지 않으려고 하며, 사람들에게 정서적으로 반응을 잘 하지 않는 편이다. 이 외에도 우울, 발육부진, 식욕부진 등이 나타나며, 언어발달의 지체를 보이기도 하고, 호기심이 적어서 외부환경에 대하여 무관심한 반응을 보인다. 그리고 반응성 애착장애는 짜증을 잘 내거나, 슬퍼하고, 공포감을 잘 느낀다.

이러한 반응성 애착장애의 증상을 보면서 그 원인이 부모와의 애착관계형성에 있다는 점에서 자녀를 양육할 때 엄마의 밀착된 양육이 얼마나 중요한지 인식하고, 심리적 불안을 겪을 수 있는 양육자의 잦은 바뀜을 피해야 한다.

민준이에게 나타난 불안

왜 이런 행동을 하는 것일까?

아내와 나는 몹시 당황했다. 이 아이가 뺏길까봐 이런 행동을 하는 것이 상상할 수 없는 일이었다. 보통 만5세 이전 초기 성장과정에 불안한 심리상태를 보인다는 것은 무의식에 무엇인가 자리 잡고 있다는 것을 의미한다.

정신분석이론에서는 무의식이라 하고, 애착이론에서는 내적작동모델이라고 하는데, 이 시기에 내적작동모델에 인지의 기본 틀이 자리를 잡고 있다는 것을 말한다. 이는 앞으로 성장과정과 성장한 이후에도 불안은 특정하게 연관된 일에서 문제 반응을 일으킬 수 있다. 즉, 자신이 경험한 일이 비합리적 사고가 되었을 때, 그로인해서 문제반응을 할 수 있다는 것을 말한다.

사람들은 누구나 어린 시절 성장배경에서 경험한 여러 가지 배경이 내적작동모델로 자리 잡게 되어서 특정 상황이 되면, 그 경험이 문제 반응으로 나타나게 되는 것이다.

그렇다면 민준이가 이런 반응을 보이는 것은 무엇 때문일까?

우선 민준이가 어떤 패턴을 통해서 이런 문제를 보이고 있는지를 알아보았다. 아내와 나는 당연히 아이가 무엇인가 하고 있는 상태에서 빼앗거나 음식을 못 먹게 한 적이 없다. 충분히 애정 어린 마음을 주고, 살피고, 먹인 기억은 있어도 말이다. 계속해서 주변을 살폈다. 아침에 민준이가 돌보미 아주머니 등에 엎여 나간다. 그렇다면 그 집에서 이런 문제가 생긴 것 일지도 모른다. 아내에게 물어보았다. 민준이가 혹시 돌보미 아주머니 집에서 어떤 일들이 일어나는지 짚이는 게 있냐고, 아내는 민준이가 자꾸 그 집 유치원생 아들 ○○이 이야기를 한다는 것이다.

그 집 아들이 민준이하고 있을 때에 먹고 있는 음식을 뺏는다든지 좀 짓궂은 장난을 치는 것 같다고 말을 했다.

앞에서 이야기 했듯이 그 집 아주머니가 집에 민준이를 데리고 가면, 친정어머니가 아이를 돌봤다고 했다. 이로 볼 때, 민준이를 돌보는 할머니는 그 집 아들의 외할머니가 된다. 그렇다면 민준이는 시샘의 대상이 될 수 있고, 이에 대한 은근한 보복이 있을 수 있다. 본의 아니게 주변 환경이 민준이에게 불리 할 수 있다. 훗날에 이러한 과정을 알게 되었는데, 특히 그 집 할머니는 민준이가 보고 싶어서 애타게 찾았고, 한 두어 번 돌보미 아주머니 집에 보냈던 기억이 있다. 다시 말해서 할머니의 애착이 그 정도라고 한다면, 여러 가지 개연성 있는 상황을 유추할 수 있다. 물론 이럴 것이라고 단정 짓는 것은 위험한 판단이 될 수 있다. 또 다른 우리 안에서 나타나는 문제로 인해서 아이에게 악영향을 끼쳤을 수도 있다. 하지만 놓여있는 여건에서 종합해 보면 충분히 개연성이 있다.

발달(發達)과 심리코칭

내적작동모델

애착이론의 '보울비'가 내적작동모델을 주장하는데, 무의식과 비슷한 영역으로 보고 있다. 처음 태어나면서 자신의 양육자와 만남이 시작되는 그 시점부터 양육자와 반복적으로 환경과 가까운 배경으로부터 경험하는 세계에 의한 상호작용이 내적작동모델이라는 것이다.

그래서 부모의 내적작동모델은 그대로 자녀에게 상호작용으로 영향을 주고 경험하게 하며, 자녀의 내적작동모델을 형성하는데 결정적인 역할을 하게 된다. 말하자면 무의식에 형성되는 표상이 판단의 기준이 되는 것처럼 내적작동모델에 어떤 표상을 가지고 있는가에 따라 타인에 대한 반응양식이 나타나게 된다. 결국 내적작동모델에 따라 대인관계형성에 영향을 끼치고, 여러 상대방에 대한 반응의 원인이 된다.

04

어린이 집을
여러 번 옮기다

첫 번째 이별 그리고 또 이별...

육아 비용이 많이 들기도 했지만 그 집 아들과의 분리가 필요했다. 계속 아이를 맡겼다가는 더 큰 문제를 일으킬 수 있었다. 아내와 상의를 하고, 근처 어린이 집에 아이를 맡겼다.

그러나 이 계획은 오히려 민준이에게 더 어려움을 준 결과가 되었다. 민준이와 그 집 아들과의 문제를 해결하기 위해서 내린 결단이었지만 결과로 볼 때에 그 방법이 민준이에게는 악수가 된 듯했다. 그 집 할머니와 도우미 아줌마는 일정한 시간 같이 있었지만 어린이 집에 맡겨지면서 정서적으로 혼자 있게 되는 꼴이 되었다. 그래도 도우미 아주머니 집에서는 혼자 있는 시간보다 오전 오후 할머니 또는 아주머니와 함께 할 수 있었기 때문에 정서적으로 그나마 외로움을 타지 않게 했을 것으로 생각된다. 어린이 집에서 민준이는 상대적으로 불안을 느꼈을 것이고, 새로운 환경에 적응하는데 어려움을 겪었을 것으로 보인다. 민준이가 약 3개월 정도 어린이 집에 나갔는데, 아내가 공부방을 정리하게 되어서 민준이는 그곳을 나와야만 했다. 아내가 학교 발령을 받으면서 더는 공부방을 운영할 수 없었기 때문이다. 아이가 자신의 감정을 말할 수도 없었고, 우리도 민준이의 감정이라든지 발달심리적인 면에서 제대로 알지 못했다. 아마 민준이는 심리적으로 분리불안이 있었을 것이다(분리불안에 대한 부분은 심리코칭에서 다루고자 한다).

아내와 내가 서로 출퇴근이나 활동하기 좋은 곳으로 장소를 옮기다 보니 민준이는 그곳에 적응할 만하면 어린이 집을 나와야 했다. 그리고 전과 똑같은 방식으로 새로 이사한 지역에 있는 ○○○가정 어린이 집으로 옮기게 된다.

이때부터 민준이는 점점 예전과 다른 행동을 보인다는 것을 알게 되었다. 아빠 엄마와 떨어지는 것을 힘들어했고, 견딜 수 없다는 듯 몸부림을 치며 애원했다. 어쩔 수 없이 어르고 달래고 설득을 해가면서 어린이 집에 맡기고 가야만 했다. 혹시나 해서 원장 선생님께 민준이가 어린이 집에서 어떠냐고 물어보면, 애타게 엄마 아빠를 찾다가도 어느 정도 시간이 지나면 줄

곧 잘 어울린다는 것이다. 이런 이야기를 들을 때면 안심이 되면서도 어느 면에서는 혹시라도 무슨 심리적인 어려움이 있는 것은 아닐까하고 걱정이 되었다. 그때가 상담심리학을 전공하면서 나름 주어들은 이론이 있어서 그런지 이것저것 위험에 대한 것을 인지하고 있었던 것이 아닌가 싶다.

실제로 가만히 민준이가 하는 행동을 보면, 분리불안 증상을 보이는 것 같았다. 떨어질 때가 되면 옷을 꼭 붙잡고 애타게 아빠를 부르거나, 절규하는 것처럼 울며 아파하는 모습에 도저히 떼어놓고 오는 게 힘들었고 가슴이 저려왔다. 민준이는 '○○사랑 어린이 집'에서 '○○○가정 어린이 집'을 거쳐 다시 인천 부평에 있는 '○○○ 유치원'을 다니게 된다. 참으로 부모를 잘못 만난 덕분에 여러 곳을 전전긍긍하게 되었다. 결국 민준이가 적응할 만하면 정들었던 곳, 또래 관계를 유지하고 재미있게 지내던 곳을 떠나게 되는 악순환이 반복되면서 그 지경에 이르게 된 것이다.

민준이가 만 3세를 넘기면서 베개 꼬다리에 집착하는 모습을 보였다. 베개 꼬다리를 잡아 당기는 행동을 못하게 하면, 민준이는 심한 불안 증상을 일으켰다. 특히 아침에 일어나서 엄마가 없을 때에 더욱 심했는데, 아이가 만족했다 싶을 정도로 여기기까지 아이는 꼬다리에 집착을 했다. 이런 행동이 민준이가 애착대상인 엄마의 젖꼭지를 그리워하는 행동이라는 것을 추측하고 있었지만 아이의 심리상태를 깊이 이해한 것이 아니었기 때문에 내 자신도 걱정이 되고 불안했다. 이러다가 아이가 잘못되기라도 한다면, 아니 잘못된 것이라면 어떻게 하지라는 생각에 마음이 무거워졌다. 이런 민준이의 행동을 보면 아이의 마음을 읽어주고 위로와 공감을 해줬어야 했는데, 안타깝게도 위로와 공감은커녕 나의 불안을 중화시키고자 하는 심리로 도리어 아이를 혼내고 윽박질렀다.

돌이켜서 그때 상황을 조명하다보면 민준이가 그만하기가 다행이지 혹시라도 심리적인 큰 어려움을 겪었다면 심각한 상태에 놓여 있을 수도 있는 문제였다. 가령 성격장애가 있다든지, 아주 낮은 자존감으로 인해서 사람들을 꺼리려고 한다든지, 애착형성에 문제가 생겨서 사람들을 신뢰하지 못하고, 자기 자신조차 믿을 수 없는 지경에 이를 수도 있었다. 그리고 그런 이유 때문에 제대로 분화하지 못하고 미해결된 상태에서 섬들이 따로따로 떨어져 있는 것처럼 분열된 자아상태가 되었다면, 돌이킬 수 없는 문제를 낳게 되었을 것이다. 분열이 되었을 경우에 심하면 조현병(정신분열 증상)까지 생각할 수 있다.

지금도 그때를 생각하면 그만하기를 너무나 다행스럽고 감사

할 따름이다.

발달(發達)과 심리코칭

분리불안

분리불안은 애착대상으로부터 분리 되었을 때 느끼는 정도
가 심할 때에 나타나는 증상이다. 생후 6개월에서 7개월 정도
가 되면 엄마를 알아보기 시작하면서 엄마와 함께 함으로써 심
리적인 안정을 취하려고 한다. 이후 14개월에서 15개월에 가장
많이 애착에 대한 욕구를 보이며, 3세 정도까지 지속된다. 이
시기 자녀와의 관계에서 건강하게 잘 분리가 되어야한다.

그래서 애착대상인 엄마와 분리되면서 이 증상이 나올 수 있
기 때문에 충분한 돌봄과 안정적인 애착관계 형성이 되어야한
다.

이 증상은 엄마와 너무 밀착되어 의존적인 성향이 있는 아이
에게서 더 발병할 수 있다. 또한 부모나 아이와 관련된 사람의
과보호적인 태도가 분리불안을 느끼게 한다.

분리불안이 있는 아이는 엄마의 존재를 계속해서 확인하려
고 하고, 엄마와 헤어지는 꿈이나 엄마가 사고를 당하는 상상
을 자주하게 된다. 애착대상이 자기 주변에 없으면 애타게 찾

고 안절부절 못하는 증상을 보이기도 한다.

때로는 자기 자신이 주변 가까운 사람으로부터 관심을 유도해내려고 아픈 증상을 보이고, 스스로 아픈 신체증상이 나타나도록 심인성에 가까운 증상을 보인다. 이는 내면 안에 있는 무의식이 자신도 모르게 엄마를 붙잡고 싶은 욕구와 사랑과 관심을 구하고 싶은 심리에서 나오는 것이라 할 수 있다.

이러한 분리불안에 대한 내용을 이해하게 되었을 때에 자녀에 대한 양육 태도를 돌아보고, 건강한 애착형성을 위한 노력을 끊임없이 기울여야 한다.

낯선 장소를 두려워하다

민준이가 몇 가지 어려운 심리상태를 보이게 되는데, 그 중 하나가 다른 주변에 있는 나무숲 근처에 가는 것을 무서워한다든지 나무나 풀이 있는 어둠침침한 곳에 접근하면 심한 공포감을 보였다. 일반 아이들보다 심했다.

한 번은 서울대공원 장미원에 가족 나들이를 갔다. 민준이가 6세 되었을 무렵인데, 아내와 나는 아들의 손을 꼭 잡고 장미원으로 들어갔다. 그렇게 기쁘고 즐거운 마음으로 아들과 이야기를 주고받으면서 장미공원을 지나고 있었다. 장미가 있는 공원에서는 그다지 특별한 반응이 없었다. 우리는 장미가 피어 있는 정원을 지나 양들이 있는 방향으로 갔다. 그곳에서도 뭐별 특별한 반응이 없었다. 그런데 길을 따라 가다보면 나타나는 커다란 인공호수가 있다. 장미원을 구경하다보면, 그 인공호수를 반드시 만나게 되는데, 굴다리 밑을 통과해야만 다른 방향으로 나갈 수 있는 그런 코스였다.

우리는 다른 가족들처럼 즐거운 마음으로 호수 굴다리에 다다르고 있었다. 약 50미터 정도 남짓 거리였던 것으로 기억한다.

그때였다.

갑자기 민준이가 꼼짝하지 않고 버티고 서 있는 게 아닌가!

극도의 공포감을 느끼고 있었다. 부동자세로 서서 절대로 움직이지 않겠다고 말을 했다.

나는 민준이의 그런 행동이 몹시 당황스럽기도 했지만 이런 상황이 된다면, 남자이자 아빠의 심정으로 아들을 바라보는 시선이 곱지 않을 것은 자명한 일이었다.

민준이를 달래보기도 하고, 윽박지르기도 하고, 지금과 같은 행동은 부끄러운 짓이며, 주변 사람들이 어떻게 보겠느냐고 반협박, 반 설득을 해봤지만 꼼짝하지 않았다.

우리는 어쩔 수 없이 가던 길을 돌려서 돌아가는 수밖에 없었다. 물론 아들에 대한 실망과 함께 불편한 심기를 드러냈고, 상처받을 수 있는 말을 서슴지 않고 뱉어냈다.

민준이는 공포감을 반복해서 드러냈다. 어두운 장소에 있는 나무나 풀숲에 가까이 가지 못했고, 파리를 보고 무서워한다든지 특정 장소나 동물에 대한 두려움을 심하게 나타냈다. 그럴 때마다 실망한 나는 계속해서 책망을 했다. 아이는 내 눈치를 보았고, 마음에 상처가 될 말을 듣게 되면, 그 말에 아이는 상처로 남게 되었던 것으로 보인다.

아이들은 보통 어린 나이에는 특정 장소나 동물을 보고 공포감을 느끼는 현상은 자연스러운 일인데, 내가 너무 민감한 반응을 보인 것도 문제였다.

민준이에게 상처 받을 수 있는 말을 했던 것은 내 아이에 대한 애착이기도 했지만, 민준이가 다른 아이들보다 뛰어났으면 하는 마음에서 더 강하게 표현하고, 윽박지르고 속상함에 마음 아파했던 것 같다. 너만은 나보다 더 잘나야 한다는 발로에서 드러낸 분노였다. 나의 열등감에서 시작된 내 안에 문제를 의식하지 못한 채 나에게는 없는 너의 것이라고 그대로 민준이에게 투사한 것이다(심리코칭에서 투사에 대하여 설명한다).

그렇다면 여기서 민준이가 왜 공포감을 그렇게 느끼고 있는지 짚어보고자 한다.

민준이는 처음 태어날 때부터 타고난 기질로부터 우선 영향을 받았을 것으로 보인다. 민준이가 기질적인 영향을 받고 있는 상태에서 여러 번 어린이 집을 옮겼고, 아이는 이런 강제적인 분리를 통해서 분리불안을 겪었을 것이다. 이런 좋지 않은 반복은 불안한 심리가 내면에 자리 잡고 있기 때문이다. 이처럼 그와 같은 상태가 되면 움츠러들 수 있는 내적인 상태가 되고, 그때 움츠러든 아이는 두려움, 공포감을 느끼는 시기가 다가오면서 더 불안한 감정 표현을 하게 된다. 아이들의 경우 일정한 나이에 이르게 되면 두려움이나 무서움에 대한 감정표현을 하는 것이 당연한 건데, 나는 그 행동을 받아내지 못하고 강하게 반응하는 실수를 범하게 된 것이다. 아이는 점점 내 눈치를 보게 되고, 그 눈치 보는 행동은 심적인 어려움을 주는 악순환이 반복되면서 불안이 가중된다. 상대적으로 이런 행동을 보게 된 나는 더욱 그에 상응하는 맞대응 이상으로 아이에게 심적인 부담을 주게 된다. 그것에 대한 아이의 반응으로 더 투사를 하게 되고, 눈치 보는 아이, 자존감이 낮은 아이로 성장하게 하는 것이다. 무지에서 오는 훈육이 민준이의 자존감을 형성하는데 부정적 영향을 끼치게 된 것이라 할 수 있다.

발달(發達)과 심리코칭

투사

투사는 개인의 성향을 다른 상대방에 있다고 생각하고 그 원인을 무의식적으로 돌려서 생각하는 것을 말한다. 보통 자기 것이라고 생각하지를 못하고, 내 자신이 긍정으로 생각하는 것이 내 것이 아니라 그 상대방 것이라고 보고, 그 대상을 긍정적으로 보는 과정이다. 또는 그 반대로 나에게 없다고 생각하고, 상대방의 단점, 보기 싫은 것 등을 그 대상에게 돌리고 부정적으로 보는 것을 의미한다.

예를 들어보면, 열심히 봉사하고 좋은 일을 많이 하는 사람이 있다. 그래서 좋은 사람이라고 주변 많은 사람들이 긍정적인 반응을 보인다. 그런데 정작 주변의 평판이 좋음에도 불구하고 그 사람을 보면 왠지 싫은 감정이 생기고, 그 대상이 자신에게 피해를 준 것도 아닌데 이유 없이 미워진다. 알고 보니까 그 사람이 자기가 어릴 적 엄마와 비슷한 이미지를 가지고 있다는 것이다. 그렇게 되면 엄마와 비슷하다는 이유로 미워하게 된다. 만약 엄마에 대한 이미지가 좋은 이미고였다면 그 상대방을 긍정적으로 생각했을 것이다. 그래서 긍정적 이마고가 무의식에 자리 잡고 있다면 무조건적으로 긍정적인 감정을 갖게 되는 것이다. 이렇듯 상대방에 대한 생각을 자신의 무의식을 통해서 돌리는 것을 투사라고 한다.

무서운 아빠와 눈치를 보는 아들

사랑하는 아들인데 나는 점점 분노하고 있었다.

내 아들이 저렇게 못난 행동을 하다니 인정할 수 없었다. 그래서 아들의 행동이 기대 이하 일 때는 순간 격분하게 되고, 강한 훈육은 아이를 점점 늪으로 빠져들게 했다. 아니 그것은 훈육도 아니었다. 내 감정에 의하여 나에게 분노하는 무서운 보복이었다. 나를 움츠리게 했던 내 아버지가 무섭고 싫었던 어린 나에게 분노하는 모습이었다. 그렇게 아들에게 분노하고 나면, 아들은 주눅이 들고, 무서워서 구석에서 훌쩍훌쩍 울었다. 나의 어린 내 모습에 격분하고 난 이후, 마음을 추스르고 나면, 애처롭고 불쌍한 아들이 눈에 들어왔다. 가슴이 철렁 내려앉았고, 그런 나의 못난 모습에 시름겨워하며, 또 나를 미워하고 있었다.

그래 아들이 그러고 싶어서 그러는 것도 아닌데, 아이가 무슨 죄가 있다고 그러는지 스스로 자책하였다. 하지만 아들의 소심한 성격과 공포감 때문에 두려워하는 행동으로 인해서 부족해 보이는 아들의 모습에 분노를 하게 되고, 그런 아들이 잘못되면 어떻게 하나 하는 걱정 때문에 잘못된 훈육을 반복했다.

민준이는 점점 자신감 없는 아이가 되어가고 있었다. 또래 아이들에게 자기를 자신 있게 표현하지 못하고, 양보만 한다든지 자기 것을 잘 챙기지 못했다. 자기는 잘 할 수 있는 게 없다고 말을 비치기도 했다.

그도 당연한 것이 민준이 자신이 갖고 태어난 기질적인 면이 현재 배경에 의해 영향을 받았고, 무엇보다 소심하고, 예민한 편인 아이에게 더욱 강하게 밀어붙였으니 심적인 고통이 심했을 것이다. 더군다나 아들은 한 번 앉으면 오랜 시간 집중할 수 있는 성격유형이 아니었다. 조용한 것 같은데 어떤 움직임이 있으면 정신이 없고, 주변 분위기가 산만하다는 느낌이 들었다. 민준이는 예민하고 소심하면서 산만하여 집중력이 떨어지는 아이였다. 그래도 성격은 친구들과 잘 어울리고, 너무 까

칠하지 않고, 원만하게 지내는 것 같았다.

보통 뇌의 기질이 어떻게 결정 나는가에 대하여 연구한 내용에 의하면 측좌핵과 편도체의 영향을 받을 때, 우리 아들 같은 성격유형이 된다는 것을 알 수 있다. 측좌핵의 영향을 받으면, 왠지 원만한 성격 같고, 순한 아이처럼 보이지만 어떤 면에서는 까다롭고, 자기 주장이 강한 것을 볼 수 있다. 여러 모로 종합해 볼 때 민준이는 성격이 예민하면서 순한 듯하고 그러면서 산만한 우뇌형에 아이라고 할 수 있다.

우뇌형의 아이는 편도체의 영향으로 집중력이 떨어지고, 산만하여 20분 이상 집중하기 힘들어하는 유형이다. 여기서 편도체는 앞에서 말한 것처럼 기질적인 부분에 영향을 끼친다. 편도체가 예민하게 활성화 되면, 아이는 집중하는 부분에 있어서 어려움을 겪게 되고, 이런 산만함을 다루기 위해서는 꾸준한 학습 효과를 통해서 서서히 조절할 수 있는 능력을 키워야한다. 이러한 민준이의 산만함과 집중력에 대한 부분, 문제 행동에 대한 해결 방법을 이후 다음 내용에서 자세히 다루고자 한다.

여기서 많은 엄마들이 힘들어 하는 부분인데, 그렇다고 뾰족한 수가 있는 것도 아니어서 난감하다고 말하는 엄마들이 많다. 본인도 상담 현장에서 이러한 문제를 다루게 될 때, 드라마틱한 대안을 제시하지 못하여 엄마들이 마음 조급해하는 경우가 자주 있었다. 하지만 중요한 것은 행동 수정 방법과 부모의 마음 자세가 합쳐질 때에 아이를 변화시킬 수 있다는 것을 분명히 알아야 한다. 물론 부모의 심리적인 문제를 해결하는 노력이 필요하다. 만약 스스로 문제 해결하는 것이 어렵다면 상담을 통해서 문제 해결을 할 수 있도록 도움을 요청하는 것도 현명한 방법이다.

발달(發達)과 심리코칭

편도체의 영향

땅콩 모양처럼 생겼다고 해서 편도체라는 명칭을 쓰게 되었으며, 편도체는 감정을 담당하는 곳이기도 하다. 초기성격형성을 하는데 있어서 아주 중요한 역할을 한다. 편도체가 어떻게 활성화 되느냐에 따라서 예민한 아이, 차분한 아이, 산만한 아이 등을 결정짓기도 한다.

성인기 초기에 전전두엽이 감정적인 면과 여러 위험에 대한 방어라든지 충동조절을 하는 역할을 이 전전두엽이 감당한다. 하지만 전전두엽은 성인기 초기가 되어야 제 기능을 할 수 있기 때문에 성인 초기가 되기까지 편도체가 그 역할을 대신한다. 그런데 편도체는 전전두엽에 비하여 불안전하여 들쑥날쑥하는 불안정적인 감정을 보이기도 한다. 그러다보니 초기성장과정에 편도체의 영향을 받는 다는 것은 편도체가 민감하게 활성화가 된 경우에는 기질에 영향을 줌으로써 산만한 아이가 된다는 것을 의미한다. 그러나 편도체가 어느 정도 안정적인 방향으로 편도체가 활성화되면서 비교적 조용하고, 신중하면서 주의력이 좋고, 특별히 어떤 상황에 대하여 과도하게 반응하지 않는 성격을 보인다.

측좌핵의 영향

측좌핵은 부모가 보기에 종잡을 수 없는 성격처럼 보일 수 있다. 어떤 때는 안정된 것처럼 순한 모습을 보이다가도 까다로운 기질을 가진 아이처럼 행동한다. 그리고 아주 느리게 행동을 하는 것을 보면 게으른 아이로 보이기도 한다.

측좌핵에 영향을 받는 아이들은 순한 모습을 보이고 있다가 어떤 새로운 환경을 만나게 되면 갑자기 심한 경계를 한다든지 심적으로 많이 위축된 상태를 보이면서 정상적으로 적응하는 데 다른 성격 유형보다 오래 걸리기도 한다.

그리고 측좌핵의 영향을 받는 아이는 자기가 익숙하게 적응한 음식에 대해서는 별다른 반응을 보이지 않다가도 낯선 음식을 보면 민감하게 부정적인 반응을 보이며, 물건을 대할 때도 자신에게 익숙한 물건이 아니면 회피를 하는 경향이 있다.

이렇듯 측좌핵의 영향을 받는 아이들이 느리거나 어떤 사물에 대하여 부정적 반응을 보이는 이유가 측좌핵의 활성도가 다른 유형의 아이들보다 낮기 때문이다. 하지만 자신이 어느 정

도 익숙해지기까지 시간이 걸리기는 하지만 일단 일정한 수준
에 오르면 능숙하게 일들을 처리한다.

절망이라고 말할 때가 기회

보통 엄마들은 자기 아이를 너무 가혹하게 다루고, 심한 말로 상처를 주고, 그래서 우리 아이가 상처를 많이 받아서 회복할 수 있을는지 걱정이 되는 분도 많을 것이라 사료된다. 그러나 낙심이라는 단어보다도 더 희망적인 메시지를 주고 싶은 심정으로 말하고 싶다. 엄마나 아빠 모두가 혹시라도 내 아이의 자아상이 부정적인 자아상이 아닐까? 라는 염려에 불안해하는 부모도 있을 것이다. 혹 낮은 자존감이 앞으로 살아가는데 안 좋은 영향을 끼치지는 않을까? 여러 가지 복잡하고 걱정되는 심정으로 생각을 하고 있을 지도 모른다.

사실 정신분석이론의 프로이트는 초기 양육과정에서 받은 영향이 원인이 되어 결정적인 역할을 한다고 주장한다. 그러나 아들러는 원인적인 문제가 우리 삶에 영향을 끼치기는 하지만 그 문제를 의식하고 변화하고자 노력하고, 깨닫고 자각한다면 삶을 변화시킬 수 있다고 말한다. 사실 두 이론 모두 인간의 특성에 대하여 잘 설명하고 있다.

다시 말해서 두 이론을 조합해서 설명하면, 결정론적인 입장이 우리 삶에 지대한 영향을 끼치기도 하지만, 사람은 변할 수 있다는 것을 말하고 있다. 자신 안에 있는 심적인 문제로 인해서 나는 언제나 그런 사람이라고 여기거나 그렇게 문제 있는 자신이 그럴 수밖에 없기 때문에 사람들을 피한다고 말한다. 과거 문제로 자신은 지금 결정적으로 문제가 있다고 생각하고, 내 삶은 똑같은 반복이므로 어쩔 수 없이 자신 안에 안주한다는 명분을 만들어낸다. 하지만 개인심리학의 아들러는 반드시 내가 문제가 있으므로 그 안에 피해 있는 원인론적인 문제로 인해서 결정적으로 나에게 문제가 있다고 말하기 보다는 그것을 인정하고 자신이 안주하고 회피하고 있다는 것을 인정하라고 말한다. 자신이 심각하게 생각하고 있는 심적인 문제로부터 벗어나서 앞으로 개선된 삶을 살아갈 수 있음을 주장한다. 사람이 어떤 뚜렷한 목적을 두고 살아갈 때, 변화된 삶을 살 수 있다고 말한다. 아들러의 개인심리학적인 입장에서 뒷받침할 수 있는 실제 사례를 보면 알 수 있다.

상담 현장에서 자신은 이래서 안 돼요. 나는 못할 것 같다고 말하던 사람들이 그 자신의 문제를 인정하고 새로운 삶을 살아가고자 시도한 내담자들은 하나 같이 문제를 해결하고 건강한 자아상을 만들고자 하고 그렇게 살아갈 수가 있었다. 하지만 인간이 목적론적인 입장에서 자신의 문제를 딛고 일어설 수 있다고 하지만 한편으로는 원인론적 입장에서 과거의 문제를 해결할 때에 더 좋은 결과를 얻어낼 수 있다는 것도 간과해서는 안 된다. 말하자면 자신의 문제가 결정되었다고 체념하는 것이 아니라, 과거의 문제도 자각과 통찰을 통해서 나름 해결할 수 있다는 것을 인정해야 한다. 이후 목적론적인 입장에서 자신의 문제, 어려움을 인정하고, 새롭게 개선된 삶을 추구한다면 자존감이 잘 형성될 수 있는 조건을 갖추고 더욱 미래 지향적으로 삶을 추구할 수 있게 된다. 그러므로 '우리 아이는 이제 힘들 것 같아요.' 라고 말하고 싶을 때가 바로 기회가 된다는 희망의 메시지를 전하고 싶다.

한 아이가 있었다.
어느 초등학교 어울림 프로그램에서 있었던 일이다.
그 아이는 8살 여자 아이였는데, 그 아이가 칠판에 그림을 그리기 시작했다. 그 그림이 눈에 들어왔는데 여자 어른이 칼을 들고 서있는 모습이었고, 칼에서 피가 뚝뚝 떨어지는 그런 그림이었다. 그래서 왜 이런 그림을 그리게 되었는지 알아야 했고, 그래서 그 아이와 상담을 하면서 문제의 원인을 알게 되었다. 엄마는 종종 술을 마셨고, 술에 취하면 남편에게서 서운하고 속상했던 것을 분노로 표출하였다고 한다. 그러다가 자신의 화를 못 이겨서 칼을 들고 죽겠다고 몸부림치는 그 엄마였고, 이러한 불안 심리와 공포감을 그림으로 자기도 모르게 표현했던 것이다.

이런 환경에 노출된 자녀들은 심한 불안과 부정적 자아상을 가지게 되고, 성장한 이후에는 일관된 사고를 하지 못하는 것은 물론이고, 자아의 일치를 보이지 못하며, 낮은 자존감으로 인해서 사람들과의 관계를 회피하고, 상처를 잘 받게 된다. 어떤 경우에는 히스테리 성격장애, 경계선 성격장애 등 심리적인 문제를 보일 수 있다.

이후 엄마는 자신의 문제를 인정하고, 과거의 문제로부터 오는 자기 존재에 대한 확인과 인정을 갈구하면서 나타나는 심리적인 아픔의 표현을 그렇게 하고 있다는 것을 깨닫고 상담에 임하게 되었다. 장시간 진행한 상담이었지만 차츰 자기 안에 있는 아픔이 정서적 외로움과 자기를 사랑하지 못함에서 오는 상처였음을 깨달았다. 어릴적 과거의 어린 자신과 화해를 하고, 인정해주고, 안정감과 사랑을 줌으로써 건강한 자아를 찾아가게 되었다. 부모가 변하면 자동적으로 자녀도 변한다는 말처럼 그 아이는 점점 안정된 모습을 찾아갔고, 분노와 불안으로부터 오는 산만함이 점점 사라지기 시작했다.

이처럼 사례를 보면서 우리가 아니라고 포기하기에는 이르다는 것과 내 자신이 변한다면 우리 아이가 변할 수 있다는 긍정적인 마음이 필요한 시기이다.

부모는 대체적으로 좌충우돌 시행착오를 겪는다. 그런 자신을 조명하면서 낙심하는 분들도 있다. 하지만 앞의 사례를 보면서 그리 암담하지 않다는 것과 조금만 주의를 기울이고, 아이의 심정으로 다가가서 자녀의 마음을 만나주고 공감을 할 수 있다면 건강한 자아상을 가진 아이로 성장할 수 있다는 것이다.

내가 할 게, 내가!

　어린이 집을 시간 맞춰 데리고 가다보면 마음이 급해질 때가 있다. 그런 문제가 자주 있다는 게 문제다. 보통 아이를 데려가기 위해서는 옷을 입히고, 양치를 하고, 씻기고, 신발을 신겨서 문을 나서야 한다. 그런데 대략난감한 일에 부딪치는 일이 있는데, 바로 아이가 신발을 신겠다고 하는 거다.

"민준아, 신발 신자."
"내가 신을 거야!"
"아빠가 늦어서 그러는데 아빠가 신겨줄게."
"싫어 내가 할 거야! 내가~"
"정말 너 왜 그렇게 아빠 말을 안 듣니?"

"내가 내가 할 꼬야!"

이렇게 되면 참다못한 나는 강제로 아이의 손에서 신발을 뺏어서 급하게 신발을 신긴다. 아이는 내가 한다고 소리치면서 울기 시작한다. 아이의 마음이야 어찌됐든 어린이 집을 향해서 아이를 업고 달려간다. 이런 일들이 자주 반복되고 있었다.

약 3세 이후부터 아이들은 고집을 부리고, 자기 뜻에 맞지 않으면 떼를 쓰기 시작한다.

이 시기에 부모가 아이에게 배려하고, 자녀가 하는 행동에 대하여 제지하지 않고 수용할 수 있는 마음을 유지해야 한다. 이 때가 바로 아이들의 자아를 형성하는 시기이면서 아이의 주도성을 키우는 기초적인 단계이기 때문이다. 주도성을 키우지 못한다는 것은 독립심을 키울 수 없다는 것과 마찬가지인 것이며, 종속적 사고를 통해 무엇을 하더라도 의존적인 모습이 나올 수 있다.

민준이가 초등학교에 입학하고 난 이후, 한동안 아이가 어떤 일을 하더라도 항상 묻고 난 다음 일을 했다. 숙제를 하고 난 다음에도 지시를 받아야만 행동으로 옮겼고, 일일이 묻고 답을 얻은 다음 일을 진행했다. 처음에는 대수롭지 않게 생각했는데, 어느 날 문득 우리 민준이가 주도성이 부족한 것은 아닌지 하는 생각이 번뜩 지나치는 거였다.

'왜 그렇게 주도적으로 생각해서 일을 하지 못할까?' 곰곰이 생각해보니 유아기에 내가 급하다고 아이의 생각을 무시하고 스스로 하게 함으로써 주도성을 키워주지 못한 것이 아닐까? 라는 우려스러웠던 그때 사건들이 떠올랐다.

'7세 이전에 아이의 주도성이 형성된다고 했는데, 아뿔싸 내가 실수를 한 게 맞구나!'

그래서 당장 내 자신이 지금 현재 어떤 식으로 민준이를 대하고 있는지를 떠올려 보았다. 그랬더니 여전히 아이에게 이렇게 저렇게 하라고 지시하는 내 모습이 있었다. 그래도 이즈음에는 상담심리를 전공하고 있던 시점이었고, 어느 정도 이해하고 적용할 수 있는 수준이 되었던 것 같다. 바로 나의 문제를 찾아냈고, 아내와도 그러한 문제에 대하여 이야기를 나누고 대책을 세웠다.

처음에는 서로 주고받던 습관적 패턴이 있어서 힘들었지만 민준이가 주도적으로 행동할 수 있도록 유도하기 시작했다.

"아빠 지금 숙제 해?"

"민준이가 생각하기에는 어떻게 하면 좋을까?"

"......"

"음, 민준이가 무엇을 했으면 좋을까? 아빠는 민준이가 직접 생각해서 스스로 하는 걸 보고 싶은데..."

"숙제 해?"

"아빠는 민준이가 하고 싶어 하는 걸, 생각하는 걸 했으면 좋겠는데..."

"알았어, 숙제할 게."

참 긴 시간 힘겹게 지냈던 것 같다. 지금은 학교 갔다 와서 자신이 해야 할 일을 스스로 잘 찾아 행하고 있다.

이후 민준이가 어떻게 집중력을 키우고, 주도적인 사고를 기르게 했는지 그 내용도 다룰 것이다.

그렇다면 3세 이후 자아형성을 제대로 하지 못하고, 자기주도성을 키우지 못하게 되면, 어떤 양상으로 발전할 수 있는지 다음 사례를 보면 알 수 있다.

어느 초등학교 여선생님이 새로 산 차를 끌고 학교로 진입하고 있었다.

새 차라서 그런지 선생님은 조심스럽게 아이를 다루듯이 몰았다.

그만큼 소중했다.

그런데 그렇게 조심스럽게 몰고 가는데, 갑자기 뭔가 둔탁한 것이 옆 왼쪽 차문을 쿵하고 때렸다.

 선생님은 깜짝 놀라서 문을 열고 나와 보니 커다란 돌맹이를 누군가 던졌고, 그 돌이 차를 때린 것이다. 차 옆문이 움푹 들어갔고, 보기에도 심했다.

 그래서 선생님은 그 돌을 던진 사람이 그 학교 학생이라는 것을 직감하고 사고를 낸 학생을 찾았고, 문제를 일으킨 아이를 불러 세우게 되었다.

 자초지종을 물으니 친구와 장난을 치다가 그렇게 됐고, 선생님 차가 지나는 것을 보고 일부러 던졌다는 것이다. 물론 선생님 차인지 아닌지 구별하지 못한 채 그냥 장난삼아 던졌다는 말을 했다. 그래도 선생님은 워낙 사안이 사안인 만큼 엄마를 만나고 싶다고 했고, 그 아이의 엄마가 선생님을 만나게 된다.

 그런데 사건의 발단은 여기서부터 시작되었다.

그 문제 아이 엄마는 아들과 함께 있는 게 아니고 혼자 와 있었다.

 선생님은 학생 엄마에게 아이가 어디 있냐고 물었더니 하는 말이 이랬다.

"어머님 아드님은 어디 갔나요?"

"네 우리 아들 기죽지 말라고 먼저 보냈어요. 내가 해결하면 되잖아요."

여기서 어떤 문제가 있을 것이라고 짐작되는 부분이 있을 것이다. 이러한 양육방식은 이미 유아기 때부터 반복되었을 가능성이 높다.

학생의 엄마는 모든 행동에 관여했고, 아이의 주도성을 살려주지 못하는 양육방식을 택했던 것이다. 그런 결과가 지금 나타난 것이라 할 수 있다.

엄마가 직접 사과하고, 아이의 잘못도 스스로 깨닫게 하고, 그릇된 행동에 대하여 인정하게 함으로써 사회성을 기르고, 올바른 사고를 키워주며, 바른 경계를 지어주는 훈육이 필요하다. 그런데 부모가 전혀 그런 행동에 대한 문제점을 알아차리지 못하는 것뿐만 아니라, 아이의 행동에 책임이라는 것을 일깨워주지 못하고 있다. 이렇듯 아이의 주도성을 빼앗게 되면, 전자에 나타나는 문제뿐만 아니라, 아이는 나중에 자신 스스로 일을 주도해서 해결하기 보다는 부모에게 심적으로 의존하거나 다른 누군가에게 의존하는 무능력한 사람이 된다는 것을 알아야 한다.

위의 사례처럼 아이에게 어떤 양육방식을 택했느냐에 따라 다음에 일어날 수 있는 문제 양상을 가늠할 수 있다. 그래서 이러한 부모의 행동양식이 위의 사례처럼 계속 이어지게 되면, 다음 사례에서 말하고 있는 문제로 진행될 수 있다는 것을 알아야 한다. 물론 다 그렇다는 것이 아니다.

다음 내용에서 보여주는 사례는 주도성이 결여되고, 아이 안에 있는 분노와 충동성이 합쳐져서 나타날 때에 어떤 양상으로 전개되는지를 보여주는 사례라 할 수 있다.

이런 문제의 아이가 성장하게 되면, 성인이 되어서도 지나치게 의존적이거나 무엇인가 해결할 수 있는 능력이 결여됨으로써 손을 쓸 수 없는 지경에 이를 수 있다는 것이다.

초여름 어느 날 오후 강의를 마치고 쉬고 있을 때 전화벨이 울렸다. 전화를 받았고, 점잖은 남성의 목소리가 들려왔다.

"안녕하세요. ○○의 소개로 전화 드렸는데요."

"네. 그러시군요."

"다름이 아니라 우리 아들 문제로 전화 드립니다. 아들이 좀 심각한 상황이라서 어떻게 해야 할지 도움을 요청하고 싶어서요."

"지금 계신 곳이 어디신지요?"

"네, 천안입니다."

"음. 천안에서 서울까지 오시는 게 쉽지 않을 텐데요."

"그렇다고 제가 그곳까지 간다는 것도 쉽지가 않네요."

"좀 도와주세요. 어디 마땅히 부탁할 만한 데도 없고, 지인의 소개로 교수님 이야기를 들었습니다. 부탁드립니다."

내담자의 아버지는 절실한 마음으로 호소하고 있었다. 거리가 만만치 않은 상황에서 올라와 상담을 받으라고 하기에는 무리가 있고, 그렇다고 매주 내려가서 상담한다는 것도 쉬운 일이 아니었다.

조금 망설임이 있었지만, 평택시청 평생교육센터에서 강의를 하고 있어 그곳에서 천안까지 약 40분 정도 소요, 나름 조금만 수고한다면 괜찮다싶었다. 그래 내가 조금 고생하지라는 마음으로 상담을 하기로 결정한다.

약속한 시간에 도착하니 상담을 의뢰한 분과 아들이 앉아 있었다. 그의 아들은 정서적으로 외로움과 사랑받지 못한 보잘 것 없다고 생각하는 못난 나였다. 특히 외로운 정서를 통해서 끊임없이 사랑을 찾고 있었다. 그 사랑을 받고 싶은 대상은 여성이었으며, 여성이 자신의 애정결핍을 채워주길 바라는 그런 심리상태였다.

이 청년은 나이가 27세였고, 키가 크고 잘 생긴 건장한 사내였다. 그의 아버지가 다급하게 상담을 요청했던 또 다른 이유는 아들이 술만 먹으면 난폭해지는데, 극도의 분노를 표출하고, 이성을 잃을 정도로 흥분한다는 것이다.

어쩌다 청년은 여자 친구와 다투고 집에 돌아오면 분노하고 불안해했다고 한다. 그리고 혼자 술을 마신 날에는 앞에서 말한 것처럼 난폭함과 분노를 보이면서 여자 친구를 자기 앞으로 데려오라고 아버지에게 떼를 썼다고 한다.

그래서 그의 아들이 왜 그렇게 극도로 분노하고 불안해하고 이성을 잃는 모습을 보이는지 분석해 보았다.

이유인 즉은 그의 엄마가 심한 우울을 내담자가 어릴 때부터 앓았고, 그러다보니 아이를 잘 돌볼 수 있는 형편이 못 되었고, 결국 방치된 생활을 한 것이다.

그러한 내담자 안에 어린 자아는 애정 결핍에 목말라 했고, 내담자 자신의 갈급함을 여성을 통해서 해갈하려는 심리적 무의식이 있었다. 그런데다가 버려진 아이의 심정은 불안과 낮은 자존감으로 힘들어했고, 엄마의 방임은 내담자의 마음에 버려지는 것에 대한 두려움으로 그를 지배하게 된 것으로 보였다.

그런데 여기서 주의 깊게 보아야 할 것은 아들의 처해진 안타까운 현실에 아버지는 그만 다 받아주는 역할을 하게 된 것이다. 그렇게 성장한 내담자는 아버지에게 전적 의존적인 마음으로 자신의 감정을 강하게 표현하게 되었다. 아들이 강짜를 부리면 그런 식으로 받아주었고, 이런 과정을 통해서 어른이 되어도 어른이 되지 못한 성인아이가 지금의 내담자의 상태를 만들어 놓게 되었다. 아들이 발작할 때마다 아버지는 여자 친구를 데려왔고, 다른 어떤 아쉬움이 있을 때에도 그런 식으로 해결을 했다고 한다.

그렇게 심리적 어려움을 겪고 있는 내담자를 치료하기 위해서 상당히 애를 먹었고 장시간 상담을 해야 했다.

위 사례를 통해서 알 수 있듯이 주도성을 잃게 하고, 부모의 구미에 맞게 행동하기를 요구하게 되면 여러 가지 어려운 문제 중에 특히 앞의 사례들처럼 진행되어 갈 수 있다는 것을 알아야 한다.

본인도 한편으로 앞에 사례처럼 아이의 주도성을 잃게 하는 우를 범한 것으로 보인다.

민준이가 초등학생이 되어서도 무엇인가를 하려고 하면 늘 물어보고 지시를 받은 다음에 결정하거나 행동으로 옮기곤 했다. 그런 민준이의 모습을 보면서 화들짝 놀랐고, 왜 그런 모습이 나오는지 분석을 하고 난 다음 주도성을 길러 주기 위해 아내와 노력을 했던 일들이 생각난다.

민준이가 스스로 결정하지 못하고 의존하는 모습이 보이면, 우선 민준이가 어떤 것을 하면 좋을지 다시 물어 보았다. 처음 아이는 계속해서 물어보고 의지하려했고, 짜증을 내면서 불편한 마음을 드러냈다. 그럴 때마다 괜찮다고 위로하면서 생각을 유도해냈다. 이후에 '오르다'라는 프로그램을 적용하면서 주도성을 더 살리고 집중력을 키울 수 있도록 도왔다.

이렇듯 아이를 지도하면서 깨달은 것이지만, 아이의 문제를 해결하기 위해서는 인내하는 마음과 불안한 자신의 심리상태를 잘 이해하고 일관성 있는 양육방식을 적용하는 것이 중요하며, 부모가 유심히 자녀의 상태를 살펴 문제를 극복해야 한다는 것이다.

아들이 나를 거부해요(분노하는 나)

아들이 너무 귀엽고, 좋고, 사랑스럽다.

아빠와 장난치겠다고 다가와서 비벼대면 어쩜 그렇게 사랑스러운지 견딜 수 없이 좋았다. 하지만 그렇게 사랑하는 아들인데, 어쩜 좋을지, 어떤 행동이나 말을 듣게 되면, 나도 모르게 흥분하여 화를 내는 내 모습이 있었다.

아내가 보기에는 그렇게 화를 내면서 흥분할 일도 아니고, 일상적으로 있을 수 있는 행동이나 말인데 버럭 화를 내고 있다고 말하면서 내 안에 어떤 문제가 있는지 보라고 했다.

한 번은 이런 일이 있었다.

"여보, 민준이 좀 씻겨주세요."

"민준아, 아빠랑 씻자."

"아빠랑 안 씻어."

"아빠가 씻겨 줄게, 씻자."

"아빠보다 엄마가 더 좋아."

"예준아, 아빠가 씻겨 준다고!"

그날따라 민준이는 고집을 부렸다. 아빠랑 씻지 않는다고, 엄마가 씻겨줘야 한다고...

"아빠가 씻겨 주는 게 싫다고?"

"아빠하고 안 씻어!"

"이 녀석이, 아빠가 씻겨준다는데 싫다고?"

"싫어, 싫어!"

갑자기 욱하고 순간 아이를 강제로 끌고 들어갔다.

"이 자식이 아빠가 씻겨준다는데, 아빠가 그렇게 우습게 보여?"

"싫어, 싫어!"

나는 극 분노하면서 아이의 엉덩이와 뺨을 때렸다. 갑자기 무엇인가에 홀린 것처럼 나는 아들을 향해서 분노를 하고 있었다. 나도 당황했지만 아내가 더 놀란 것 같았다.

아내는 눈이 동그래서 놀란 표정으로 달려왔고, 나를 밀쳐내고 아이를 끌어안았다.

갑작스럽게 일어난 일에 아들은 크게 놀라 두려움에 찬 눈빛으로 나를 바라보며 울고 있었다.

아들은 단지 엄마와 씻고 싶었고, 엄마에 대한 돌봄이 간절했던 아들의 바람이었을 텐데, 그것도 이해하지 못하고 왜 그렇게 화를 낸 것인지 나도 내가 싫었다. 그리고 몹시 당황스럽기까지 했다.

마음을 가라앉히고 난 다음 자책을 하고 있는데 아내가 조용히 다가왔다.

"여보, 왜 그렇게 화가 났어요?"

"그러게, 나도 내가 왜 그렇게 화가 올라왔는지 곰곰이 생각해 보고 있어."

"민준이가 나를 거부하는 행동에서 갑자기 분노하는 내가 있었어."

"혹시, 당신 아이에게 서운한 마음도 마음이었겠지만 어린 시절 당신이 받지 못한 사랑 때문에 그런 건 아닐까?"

"아니 어떻게 그런 생각을 해냈어? 당신 말이 맞는 것 같아!"

순간 자각이 일어난 듯 했다. 아내의 예리한 해석이 내 머리 안을 뚫고 지나는 것처럼 충격적이었다.

내가 알 수 없었던 무의식 안에서 올라온 마음의 문제가 투사가 되어 아들을 힘들게 하고, 상처를 준 것이다. 이렇게라도 알아낸 것이 참 다행이었다. 만약에 이런 심리적인 문제를 분석해 내지 못했다면 앞으로 아들을 알 수 없는 마음의 문제 때문에 아들을 힘들게 했을 것이고, 걷잡을 수 없이 상처를 주고 있었을 것이 뻔했다.

그렇다면 무엇이 문제가 되어 아들에게 극 분노를 하고, 아들을 두려움에 떨도록 했는지 분석한 내용을 자세히 알아보고자 한다.

처음 아들을 씻겨주라고 할 때, 나는 아들과 함께 한다는 기쁨에 흔쾌히 씻겨준다고 한 것이다. 그런데 민준이가 계속해서 나를 거부했다. 이때 거부당하는 나는 참을 수 없는 거절감을 느끼게 된다.

나는 아들 민준이를 사랑해주고 지금 내가 받지 못한 사랑을 주고 있는데, 아들이 감히 거절하는 장면에서 그만 투사를 하게 된 것이라 할 수 있다. 사랑받는 아들이 거절하는 것에서 어린 나를 보고 있었다.

내가 어릴 때에 받지 못한 사랑을 너는 받고 있는데, 감히 그걸 거절한다는 자체가 용납이 되지 않았다. 그것은 내 안에 어린 나를 보면서 투사를 하게 된 것이고, 그 과정을 통해 인정받지 못하고, 사랑받지 못한 나를 증오하고 있었다.

이런 나의 투사하는 마음을 한동안 종종 나타내 보였다. 양가감정으로 한편으로는 아들을 너무 좋아하고, 다른 한편으로는 내 안의 어린 나를 보면서 분노하는 어처구니없는 행동을 했다. 이러한 나의 일관되지 못한 감정표현으로 민준이는 감정적으로 혼란스러웠을 것이고, 자존감을 형성하는 데에도 부정적 영향을 받았을 것으로 보인다.

부모의 잘못된 훈육이 분노를 가져오다

아버지가 들어오실 시간이 가까이오고 있다.

어머니와 동생들 함께 있을 때까지만 해도 그렇게 편안하고 따뜻하고 좋은데, 어두움이 점점 짙어오면서 마음이 우울해지고 불안하다.

저 멀리 정적을 깨는 것처럼 경운기 소리가 '퉁당당당~ 둥당당~둥당당다당' 점점 가까이 다가온다. 성큼 다가오는 경운기 소리가 계속해서 가슴을 두드려대고 그때마다 가슴이 철렁한다.

드디어 경운기는 대문을 열고 크게 '둥탕탕탕' 하면서 밀고 들어온다. 그 순간 내 가슴은 멍해지고, 걱정과 두려움이 온통 꽉차버린다.

아버지는 경운기를 정차시키고 우리 삼남매를 불러 세운다. 그리고 군대식 인사를 하게 했다. 우리는 거수경례를 하고, 순서대로 뽀뽀를 하기 시작한다. 술 냄새와 따가운 수염이 나를 힘들게 한다. 여기까지는 일반 가정보다 정감 있어 보일 수도 있다. 그런데 그 다음부터가 문제다. 아버지는 우리 행동을 예민하게 받아들이기 시작하고 거절감을 느끼기 시작한 아버지는 슬슬 분노가 고개를 들기 시작한다.

지금 생각해보면 왜 그런 감정을 갖고 우리를 대했는지 알게 되었지만 그 당시 어린 나로서는 감당하기 힘든 일이었다.

"아니, 아빠가 왔으면 밝고 즐거운 모습으로 오셨냐고 해야지."

"아, 시작됐구나!"

"아빠가 얼마나 너희들을 위해서 이 고생을 하는데, 이놈들이 버릇없이 인상을 써!"

이때부터 잔소리와 한탄이 섞인다. 자신이 어릴 적 겪었던 상처로부터 벗어나지 못해 서서히 감정이 올라가면서 분노하기 시작한다.

당신이 겪었던 심리적 거절감을 자녀들에게 그대로 투사하고 있었다.

아버지는 10살 때 할머님이 돌아가셨다고 한다. 그래서 친엄마가 아닌 서모 밑에서 성장을 했고, 그렇게 엄마 없이 성장한 아버지 마음에는 채워지지 못한 애정결핍이 자리하고 있었다. 아버지의 사랑은 다른 누군가를 받아낼 수 있는 사랑이 없었을 것이다. 더군다나 할아버지는 할머니를 먼저 떠나보내고 난 다음 서모를 여러 명 번갈아서 데려왔다고 한다. 할아버지 또한 정서적으로 안정되기보다 자기중심적이고 외로운 사람이었다.

나의 아버지는 그런 환경에서 성장한 것이다. 아버지의 마음에는 외롭고, 슬프고, 채워지지 못한 애정이 크게 자리 잡고 있었다.

그래서 아버지는 우리를 볼 때마다 따뜻하고 너그럽고 자애로운 마음으로 다가오셔야 하는데, 그의 마음을 지배하고 있는 역기능적인 상처로 어린 자신의 마음을 우리 삼남매에게 투사하고 있었다.

아버지는 꼭 마지막 말에 내가 어릴 때는 너희들처럼 누리지 못했다고, 복에 겨워서 그런다고 혼내면서 마무리를 했다.

또 어떤 경우에는 무지막지하게 꾸중을 하는데, 거의 학대 수준이었다.

밖에서 친구들과 놀다가 집에 들어가면 아버지가 기다리고 계시다가 인상을 쓰면서 나를 쏘아보셨다. 영문도 모르고 서서 꾸중을 듣기 시작했다.

"너, 지금 뭐하다 오는 거야!"
"밖에서 구슬치기 했어요."
"뭐 잘못한 거 없어?"
"네? 모르겠는데요."
"너, ○○○아저씨 지나가시는데 빤히 쳐다보면서 인사 안 했다면서?"
"못 봤어요."
"어디서 거짓말을 하고 있어! 집안 망신을 시켜도 유분수지, 예의범절이 없어."
"전 정말 몰랐어요!"
"짐승도 이정도 말을 하면 알아듣겠다!"

나는 짐승만도 못한 자가 되어서 호되게 매를 맞았다. 지금도 예절하면 자신이 있다. 어디서든 예절바르다는 말을 많이 듣는다. 하지만 아버지의 이런 훈육방식이 남의 눈치를 본다거나 싫은 소리를 하지 못하고 마음속에 쌓아놓고 있다가 폭발을 한다든지 감정처리를 하는데 미숙함을 보이게 했다.

아버지가 비하하는 말을 내뱉을 때마다 가슴에 수치심이 쌓여만 갔고, 낮은 자존감이 형성되고 있었다. 한마디 한마디가 수치스러운 마음을 낳게 했고, 거절감으로 마음 아파하면서 힘들게 하루하루를 버티게 했다.

누군가 나를 비웃는 것 같은 생각이 들거나 아버지가 나에게 하던 비슷한 말을 던지면 그 말에 꽂혀서 분노를 했다. 특히 친구들과 어울리고 나면 너무나 기분이 나빠서 다시는 친구들을 만나지 않겠다고 다짐하면서 가슴에 박힌 핀을 빼내는 작업을 했다.

친구들이 짓던 표정 하나하나에 신경을 쓰고, 친구들이 조금이라도 자존심 상하게 했던 일이 생각나면 그걸 못 견뎌서 괴로워하고 슬퍼하던 나였다. 그리고 나를 무시하고 인정하지 않았던 것이라고 느껴진 장면에 대해서는 어떻게 해서든지 벗어나고자 무조건 긍정적으로 왜곡을 하려 했다. 웬만하면 최대한 좋은 쪽으로 좋게 해석을 해서 위로를 하려 했다. 그렇게 많은 시간을 고민하고, 힘들어하면서 박힌 핀을 뽑아내고 다시 힘을 얻어 친구들을 만났다. 하지만 그렇게 해서 만나게 되면 또다시 아파하고, 늘 반복된 생활과 긍정왜곡을 해야만 했다.

그래도 지금까지 무엇인가에 도전하면서 현재 위치까지 올 수 있었던 것은 어머니의 사랑이 나를 여기까지 이끌어 낸 것이라 말하고 싶다. 어머니의 사랑과 돌봄이 애착형성을 잘 하게 했던 것 같았다. 그래서 위기 때마다 상처받은 마음을 달래고 심리적으로 은둔하려는 내 자신을 끊임없이 극복함으로써 긍정으로 이겨내게 했다. 아마 애착형성이 잘 되었기 때문인 것이 아닌가 하는 생각이 든다.

애착형성이 엄마와의 영유아기 시기에 잘 형성됐느냐에 따라 긍정의 마음을 형성할 수 있다. 이런 긍정의 마음은 분열되어 미해결된 상태의 내적심리를 극복하고 어떻게 해서든지 긍정으로 이끌어낼 수 있는 힘을 만들어 준다.

지금 생각하면 그런 내가 많이 힘들었겠다고 자신을 위로하면서 안도의 마음으로 한숨 돌리는데, 이렇게 나름 건강한 자아상을 찾아갈 수 있다는 것이 참 다행스럽기도 하고 감사한 일이다. 그리고 애착형성이 이처럼 되어있었기 때문에 그 기반

으로 내 안에 미해결된 문제를 극복하고 여기까지 온 것이라
할 수 있다.

애착형성은 적어도 약 1년 정도를 엄마와 함께 보냈을 때에
이루어진다. 이 시기에 엄마의 젖을 먹고 심장박동을 들어가면
서 심리적 유대감이 만들어지면서 아기의 욕구를 해결하게 되
면, 애착과정을 통해 긍정적인 자아를 형성하게 된다. 이렇게
긍정적인 상태가 되면, 주변의 배경에 의해 문제가 있는 부정
적인 요소를 안고 성장하게 되어도, 그런 부정적인 내적 문제
를 극복해 낼 수 있는 셀프(자기)를 형성하게 된다.

○○고용센터 심리상담실에서 근무하고 있을 때, 대인관계의 어려
움으로 힘들어 하던 남성 내담자가 있었다.
사람들이 자기를 쉽게 보는 것 같아 주변인들과 어울리는 것이 너
무 힘들다고 관계의 어려움을 호소했다.
내담자는 손을 계속 만지작거렸고, 눈동자를 한 곳에 두지 못한 채
불안한 모습을 보였다. 목소리 또한 힘이 없었고, 남을 의식하는 말
투였다.
그런데 그가 그렇게 자기에 대하여 자신 없어 하고, 불안한 모습을
보이기도 하면서 사람들이 두렵다고 말하고 있었지만, 정작 그는 남
들이 우습게 볼 수 있는 타입이 아니었다.
눈썹이 짙고 부리부리한 그의 눈과 반짝 거리는 눈빛은 상대방으

로 하여금 그를 쉽게 볼 수 없게 하는 카리스마를 뿜어내고 있었다.

나는 내담자에게 자신감 회복이 필요하다는 판단을 내린 다음 객관화를 통해서 자신을 조명할 수 있도록 질문을 하기 시작했다.

당신의 얼굴 모양과 전체적으로 풍기는 이미지가 단언하고 얕보일 타입이 아니다. 그렇게 쉬운 사람이 아니라는 것을 객관적으로 예를 들어서 그가 수용할 수 있도록 도왔다.

내담자에게 회기를 더할수록 자신의 좋은 점과 주변 사람들이 쉽게 보지 않는다는 것을 알게 하고, 그것을 인정할 수 있게 도왔다.

내담자는 잘 받아내고 자신에 대하여 자신감을 갖는 것 같았다. 하지만 상담을 마치고 다음 회기에 만나면 여전히 자신에 대하여 의심하고, 다시 상처 받고, 힘들어하는 모습을 보였다.

'왜 이렇게 수용해 내는 힘이 약할까?' 하는 생각과 함께 그의 원가족에 대하여 더 심층 분석을 하기로 했다.

그는 어머니의 사랑을 잘 받았고, 애착형성 과정에 큰 어려움이 없이 돌봄을 받은 것으로 나타났다. 그래서 그런지 그의 셀프(자기)가 어느 정도 되어 있는 것으로 판단되었다.

문제는 그가 아버지와의 관계에서 어려움을 겪었고, 여기서 받은 학대에 가까운 훈육방식이 지금 내담자의 자아상태가 된 것임을 알 수 있었다.

그런데 무엇이 문제인가? 내담자는 자기 자신에 대하여 인정하거나 수용하지 못하고 맴도는 것이다.

여러 모로 아버지와의 관계에서 온 상처가 부정적 자아상을 만들게 했고, 거절감과 수치심이 그를 힘들게 했다. 하지만 그런 그의 부정적 자아상이라고 해도, 보통은 어머니와 애착관계형성이 되어 있으면, 그가 가지고 있는 문제로부터 벗어날 수 있는 긍정의 힘을 만들고, 미해결된 문제를 극복하고 해결해 낼 수 있다.

답답했다. 그럼에도 불구하고 계속해서 그의 내적인 어려움이 무엇인지 탐색했고, 어느 정도 시간이 흐르고 있던 중에 그가 무심코 내뱉은 말에서 아주 중요한 이야기가 툭하고 나왔다.

"사실은 어머니가 척추장애를 앓고 있었어요."
"척추장애라고 한다면, 그게 어떤 상태를 말하는 가요?"
"허리가 휘어져서 약간 기형이에요."
"아, 그렇군요. 그렇다면 엄마가 좋으면서 엄마와 밖에 나갈 때는 부끄러웠겠네요?"
"네 저는 나쁜 사람이에요."

내담자가 갑자기 울음을 터트렸다. 이런 눈물은 죄책감에서 오는 눈물이다. 바로 핵심심정에는 그의 눈물 속에 담긴 죄책감이었다. 이런 죄책감은 내담자의 마음을 끝없이 괴롭히게 된다.

'나는 나쁜 사람, 엄마가 나를 그 힘들게 키웠는데, 나는 엄마를 부끄러워하는 나쁜 사람, 나 같은 건 벌을 받는 게 당연한 거야!'

바로 내담자가 애착형성이 어느 정도 잘 되어 있음에도 자기를 용서하지 못하고, 친구를 만나도 자신 없어 하고, 자기를 부정했던 이유가 여기에 있었던 것이다.

그가 자신의 문제로부터 벗어나고 있다가도 무의식에 자리 잡고 있는 나쁜 사람이라는 죄책감이 마음에서 올라왔다.

'그래 나 같은 건 역시 안 돼!' 결국 그런 심리적인 바탕에는 자기를 비하하고 끌어내리는 역동이 작용하고 있었다. 그게 그를 좌절시켰다는 것을 알 수 있다.

내담자는 이 문제가 해결되면서 그가 안고 있던 관계의 어려움에서 벗어나게 됐다.

위에 사례를 보면서 말하고자 하는 것은 어려움에 봉착해도 당사자가 얼마나 애착형성이 잘 되어 있느냐에 따라 성인이 되어서도 문제해결을 할 수 있다는 것이다.

분명 애착형성이 잘 된 것 같은데, 왜 이 내담자는 문제에서 벗어나지 못하고 도로 제자리인지 궁금하기도 했지만, 결국 애착형성이 당사자가 가지고 있는 어려운 문제를 자각하고 해결해 낼 수 있는 힘을 갖고 있다는 것을 알 수 있다.

혹시 독자들 가운데 나는 우리 아이와 애착관계형성이 잘 된 것인지 스스로를 되짚어 볼 수도 있다. 그러면서 자신이 잘못 양육한 것은 아닌지 되돌아보고 걱정할 수도 있다. 그런데 대상관계 학자에 의한 주장은 우리 마음을 안심시킨다.

엄마와 자녀가 적어도 하루에 젖을 물리기도 하고 밀착된 시간과 아이와 같이 주변에 함께 있었던 시간이 3시간 이상이면 안심할 수 있다고 한다.

혹 엄마들 가운데 나는 이것도 안 됐다고 한다면, 상담을 통해서 문제해결 방법을 찾아야한다. 늦게나마 애착형성을 위해서 장시간 상담에 투자하고, 엄마의 사랑과 격려를 꾸준히 줄 수 있다면, 개선될 수 있다는 것을 상담사례 결과에서 입증하고 있다.

물론 심리상담사가 어떤 이론을 중심으로 임상훈련을 받았느냐에 따라 주장하는 내용이 다를 수 있지만, 본인은 긍정적인 입장에서 애착의 문제도 어느 정도 해결할 수 있음을 말하고 싶다.

발달(發達)과 심리코칭

거절감과 수치심

거절감은 초기성장과정에서 부모의 잘못된 돌봄이나 훈육에서 오는 경우가 많으며, 주변 형제간이나 양육에 관련 있는 사람에 의해 생긴다.

부모가 엄하게 다루고, 비난을 하거나, 방치된 생활을 했다든지, 아버지의 학대와 심한 부부싸움이 행복하지 않은 가정이고 그래서 부족한 가정, 화목하지 않은 불행한 가정이라는 생각을 하게 되며, 이로 인해서 자녀들에게 존중받지 못한다는 주 정서를 안김으로써 거절감을 갖게 한다. 그리고 감정의 교류가 없이 무관심한 부모 밑에서 성장한 아이가 거절감을 느낌으로써 자기존재가 사랑받지 못하는 아이, 거절을 당한 아이라고 느끼게 된다.

이렇게 거절감을 갖은 아이들은 수치심으로 연결되는데, 이수치심은 자기 존재 자체를 거절당하고 무시를 당했다고 여기게 된다. 그래서 수치심은 자기 존재 자체를 부정 또는 무시당했다는 정서를 갖게 됨으로써 자신은 물론이고, 타인과의 관계에도 치명적인 영향을 끼칠 수가 있다.

셀프(자기:seif)

셀프(자기)란 자기 자신이 다른 대상에 대하여 조직적이면서 지속적인 인식을 하는 것을 의미한다.

셀프(자기)는 자기 자신에 대한 인식이면서 자기가 무엇을 해야 하는가에 대한 인식이기도 하다. 이렇게 자신과 타자에 대하여 조화롭게 인식할 때 셀프가 잘 되었다고 한다. 즉 셀프는 어떤 상황에 대하여 주관적으로 경험하게 된다. 가정 안에서 경험하는 것이라든지, 특히 초기 양육과정에서 부모로부터 내사한 학습과정이 모두 주관적 경험이라 할 수 있는데, 이런 주관적 경험을 통해서 자아가 형성되고, 자아는 외부 상황과 만나 그 외부와 일치를 하게 될 때에 이상적으로 셀프(자기)가 형성된다. 그런데 자기가 주관적 경험을 한 것과 외부의 상황과 만났을 때에 그것이 일치하지 않고 갈등하거나 자신의 입장에서 주관적인 해석을 하게 되면 병적인 성격을 갖게 되는 것이다. 반면에 객관적으로 볼 수 있는 구조와 주관적인 경험, 다시 말해서 무의식에 형성된 표상이 주관적 경험이라고 할 수 있는데, 이 경험과 외부 경험이 일치하게 되면서 정서와 생각이 일치하게 되면, 셀프(자기)가 잘 형성된 건강한 성격을 가지게 된 것이라 할 수 있다. 셀프가 잘 형성된 사람은 주변 상황에 대하여 수용하는 폭이 넓어지며, 사고와 정서가 일치함으로써 자기 자신을 객관적으로 볼 수 있게 된다. 그래서 셀프가 잘 형성된 사람은 상처를 잘 받지 않고, 다른 대상에 대하여 객관적으로 보면서 폭 넓은 수용을 한다.

06

다른 아이가 아닌
우리아이가
산만한 아이

기질과 산만한 아이

민준이는 엄하게 성장한 아이처럼 아빠의 눈치를 보고 있었다. 아니 내 자신이 그렇게 억압당하면서 강압적 환경에서 성장했기 때문에 나도 모르게 아버지로부터 받은 것을 민준이에게 전가한 것 같다. 아이는 아빠가 조금이라도 화난 표정을 보이면 주눅이 든 아이처럼 행동을 했다. 거기에다 민준이는 기질적으로 산만한 아이로 타고난 것으로 보였다. 보통 우뇌형이라고 하는데, 우뇌형의 아이는 편도체의 활성화를 통해 산만한 쪽으로 영향을 받게 된다.

민준이가 약 3세 정도 되었을 즈음 상당히 부산하다는 생각이 들었다. 잠시도 가만히 있지 않았다. 여기저기 뒤지고, 탐색하고, 점점 커갈수록 산만한 행동이 늘어갔다. 아내와 나는 그런 행동이 뭔가 아이들과 달라서 특별한 아이라고 받아들이고 싶었다. 그러니까 우리 아이가 다른 아이들보다 뭔가 유능하다는 생각을 하고 싶었다. 아니 다른 아이보다 좀 더 뛰어난 면도 있었다. 가령 조형물을 만들 때 특출했다. 아이가 클레이(고무찰흙)를 가지고 하나의 모양을 상상을 하고 손으로 조물조물 하다보면 그럴듯하게 만들어 냈다. 분명 같은 또래에 비해서 뒤지지 않는 수준 같았다. 또 초등학교 3학년 정도 되어서 리코더에 관심을 갖기 시작하더니 열심히 불기 시작했고, 악보를 외워서 연주를 했다. 그 당시 유아기 민준이가 하는 행동을 보면 속이 터질 정도로 겁도 많고, 산만하고, 집중하지 못하는 면을 보면서 걱정했는데 아이의 그런 강점을 발견하고는 위로 받는 심정으로 마음을 다시 다져보기도 했다.

지금 생각해보면 그 아이가 그런 행동을 한다든지 때로는 부모가 놀랄 정도의 좋은 면을 보인 것도 아이의 기질에서 오는 타고난 성격과 그 외 아이의 강점이 모두 나왔던 것임을 몰랐던 것이다. 만약에 그 시기에 아이의 상태를 제대로 진단했었더라면 좀 더 건강한 자아상을 가진 아이로 성장시켰을지도 모를 일이다. 그리고 이후에 그러한 기질이 편도체의 영향을 받음으로써 행동양식의 발달을 유도하게 된 다는 것을 알 게 되었다.

'김영훈 박사'는 사람의 기질을 우뇌형, 좌뇌형, 중뇌형으로 분류하였다. 각각의 유형은 사람의 성격에 영향을 주는데, 그러한 기질을 통해서 주변 배경과 결합되었을 때에 성격을 형성한다는 것이다. 또한 여러 심리학자들과 뇌 과학자들이 이와 비슷한 주장을 하고 있다.

결국 민준이의 타고난 기질로 인해서 산만한 아이로 성장하게 된 것임을 알 수 있었고, 아이의 상태를 제대로 파악하지 못한 결과로 점점 민준이는 문제아처럼 보였던 것이다. 학교에 진학해서도 한동안 통지표에 아이의 태도를 우회적으로 지적하는 선생님의 평가가 있었다. 이를 볼 때마다 아내와 나는 걱정과 이를 해결할 수 있는 대안을 찾는데 상당한 고심을 했다.

보통 민준이와 같은 산만한 아이를 상담하는 일이 자주 있다. 아니 이 글을 쓰고 있는 지금도 어린 시절 무지로 인해서 아이를 힘들게 하고, 그 아이의 특성을 파악하지 못해서 심각한 상태가 된 내담자를 상담하고 있다.

사실 아이의 상태를 조금만 신경 써서 파악하고, 이해하려고 했었다면 심각한 문제를 가지고 내담하지 않았을 수 있다.

사람들은 이렇게 말을 한다. '선생님은 전문가잖아요. 그러니까 산만한 아이를 잘 키워낼 수 있었던 거잖아요.' 라면서 반박을 한다. 그럴 때마다 나는 이렇게 말을 했다.

'어머님, 저도 아무 것도 모르던 시절에는 똑같이 좌충우돌 온갖 성질을 다 부렸어요. 아이가 어땠겠어요. 심각했어요. 그런데 중요한 건 엄마 아빠의 마음이에요. 인내와 지지 격려와 칭찬이 필요해요. 그러다가 또 화가 나서 혼내고 난 다음 좌절하지 말고 다시 지지와 격려 칭찬 배려를 반복하는 거예요. 단 그 화내는 빈도를 줄여가면서 말이죠. 아이에게 실수했다고 생각되면 반드시 사과하시고, 아이에게도 네가 잘못한 것이 무엇인지 생각하게하고 사과를 받아내세요. 그게 다 인생살이잖아요. 실망하지 마세요. 좌절하지 마세요. 그리고 엄마가 너무 힘들면 상담 받으세요. 아빠가 협조하지 못하면 엄마의 각오와 건강한 마음이 중요해요. 엄마의 사랑이 무엇보다 중요하니까요. 육아에는 정도가 따로 있는 게 아니에요. 인내하는 마음이 중요해요. 그리고 육아서적, 자녀교육에 관련된 책을 읽고 배우는 것도 중요해요.'
때로는 엄마들이 이렇게 말을 한다.
'나는 어떻게 해보고 싶지만 울화가 치밀어서 못 참고 실수를

반복해요.'

　이런 경우에 보통 아이에게 투사하는 과정을 통해 아이에게 안 좋은 것을 전가하는 것이라고 할 수 있다. 사람의 심정은 복잡다양하기 때문에 섣부른 단정을 내린다는 것은 위험성이 있다. 그렇지만 상담을 하면서 경험한 바로는 보통 어릴 적 자신의 상황과 연결하면서 아이와 자신을 비교하게 되고, 순간 걷잡을 수 없는 분노를 하게 된다. 그래서 이런 문제가 계속 나타날 때는 반드시 상담을 통해서 치료를 하도록 유도한다. 그렇게 되면 아이의 부모가 안정된 상태가 되고, 분노 표출하는 일이 줄어들게 된다. 그 때에 아이는 점점 안정을 찾아가고 개선된 모습을 보이게 된다.

발달(發達)과 심리코칭

우뇌형, 좌뇌형, 중뇌형

우뇌형은 우측 전두엽이 발달되어 있는데, 우측 우뇌가 발달한 아이의 경우 편도체가 더 민감하게 반응을 하는 구조라고한다. 그래서 우뇌형은 예민하고, 두려움이 많은 아이, 산만한아이가 되기 쉬우며, 자신의 감정을 억누르지 못하여 부정적인표현을 하기도 한다. 이러한 우뇌형의 아이는 어느 정도 시간이 흐르기까지 다른 아이들에 비하여 유별나 보인다. 인내심과칭찬, 지지를 통해 자존감이 떨어지지 않도록 하면서, 아이가성장하기를 기다려야 하는 어려움이 있다.

좌뇌형은 좌측 전두엽이 발달되어 있는데, 좌뇌가 발달한 아이들은 비교적 순한 아이들이며, 익숙한 것을 선호한다든지,소수의 사람들과 어울리고 싶어 한다.

좌뇌형의 아이들은 학교생활을 잘 하고, 모범적이며, 하나의주제를 놓고 깊이 파고 들어가기도 한다. 이들은 외부 자극에도 덜 영향을 받고, 몰입을 잘 하는 편이다.

좌뇌형은 외부 자극에 덜 영향을 받기도 하지만 그만큼 호기심이 많지 않고, 규칙적이며, 자신의 감정을 잘 드러내지 않는다.

좌뇌형의 예를 들어보면 공부를 잘하는 아이들의 유형이 좌뇌형에 속한다고 할 수 있다. 공부를 시키지 않았는데, 알아서 공부를 하고, 독서를 좋아하며, 혼자서 무엇인가 하는 것을 즐긴다. 이런 좌뇌형의 아이들과 우뇌형의 아이들이 비교를 당하거나 학교에서도 우뇌형에 비하여 좌뇌형의 아이들이 비교적 성적이 우수하고, 안정되어 있기 때문에 상대적으로 우뇌형들이 어려움을 겪기도 한다.

중뇌형은 우뇌와 좌뇌의 중간에 위치한 유형이다. 중뇌형은 어떤 양육 과정을 거쳤느냐에 따라 결정 나기도 한다. 이들 중뇌형이 잘 발달하면 좌뇌의 장점과 우뇌의 장점을 가짐으로써 균형 있는 성격을 가질 수 있다. 반면에 잘못된 양육으로 인해서 문제의 아이가 되면, 그 아이는 좌뇌를 발휘해야 할 상황에서 우뇌의 성향을 보이고 우뇌의 성향을 보여야 할 때 좌뇌 성향을 보이게 된다.

잘못된 중뇌형의 예를 들어보면, 공부 할 시간에 옆에 친구를 방해하고, 운동을 해야 하는 상황에서 조용히 심각한 자세를 취하고 엉뚱하게 사색에 잠긴다든지 보통 생각과 일치하지 않는 행동을 한다. 이렇게 일치하지 않는 성격이 만들어지면 중뇌형의 아이라고 하더라도 문제아가 되면서 돌이킬 수 없는 상황을 만들 수 있다. 이러한 유형의 아이가 된 것은 부모의 역할이 크다. 일관된 양육이 아니라 부모 자체가 상처가 많고, 아이를 대하는 태도를 앞에서 설명한 것처럼 좌뇌와 우뇌의 정확한 유형을 보이지 못하고, 반대적인 행동을 통한 학습이 문제를 낳게 된 것이다.

위의 세 가지 양상을 보면서 각 유형에 따라 어떻게 발달시켜야 하는지를 알아야 한다. 우선 우뇌형은 좌뇌에 가까이 갈 수 있도록 집중력 훈련을 한다든지, 늘 공감하는 자세를 취하면서 지지, 격려, 칭찬을 해야 한다. 좌뇌형은 우뇌 쪽으로 끌어낼 수 있도록 활동성 있는 프로그램을 적용해야 한다. 이렇게 조화로운 양육을 할 수 있도록 노력을 기울이고 이끌어낸다면 중뇌형의 아이가 될 수 있다.

산만한 아이와 낮은 자존감

민준이는 산만한 아이였다.

민준이는 부산했고, 집중력이 부족한 아이처럼 점점 그 정도가 심해졌다. 아내와 나는 아이에게 인내심을 잃고 화내는 일이 잦아졌다. 철저히 어른의 기준으로 바라봤고, 우리가 원하는 방법으로 그 행위를 강요하기 시작했다. 만약 그 기준에 위배된다고 생각되면 몇 번의 경고가 있은 후에 훈계를 하기 시작했다. 좋은 말로 훈계하는 것이지 폭언에 가깝다고 할 수 있다.

아이는 점점 자신감을 잃기 시작했고, 마음이 불안해서 그런지 더 산만한 행동을 했다. 그럴 때마다 나는 짜증을 냈고, 너는 누굴 닮아서 그러냐고 책망하면서 아들과 나는 서로 마음에서 멀어지기 시작했다. 아들은 내가 나타나면 슬슬 눈치를 보거나 엄마 곁으로 갔다. 그런 아들의 행동에 서운해 했다. 그리고 그런 아들에게 거절감을 느껴서 미운 마음에 아이를 호되게 혼내게 되고, 다시 미안한 마음이 들어서 보상하는 심정으로 더 잘해주게 된다. 그렇지만 그것도 잠시일뿐 아들의 반복되는 산만한 모습을 보거나 하면 또 분노하는 행동을 반복하게 되었다. 아들은 헷갈렸을 것이다. 어떤 때는 자기 행동이 잘못됐다고 생각했는데, 그것을 보고 그냥 넘어가는 아빠, 하지만 어떤 상황에서는 참지 못하고 호되게 나무라는 아빠, 종잡을 수 없는 아빠의 모습에 혼란스럽고, 어디에 기준을 맞추어야 할지 어려워서 짐작으로 눈치를 보기 시작했을 것이다.

그리고 아들은 파리만 봐도 무서워서 울먹이는 아이였다. 아들이 파리를 보고 우는 장면에 다른 아이들에 비하여 약간 모자란 것은 아닌지 염려스러운 마음에 아이를 강압적으로 억압을 하고 있었다. 아들의 그런 모습이 내 자신처럼 견딜 수 없는 수치스러움과 나의 어린 시절 과거로 연결되면서 화가 나고 슬펐다. 아들을 통해 나를 투영하고 있는 자신에게 분노하고 있었다. 아들에게 분노하고 있는 것이 왜 그렇게 분노하고 있는지 이유를 모른 채 그러고 있었다.

민준이가 왜 그렇게 산만한지 그 이유를 알기까지 참 어려운 시간을 보냈다.

민준이는 점점 주눅 든 행동을 했고, 그 마음 안에 낮은 자존 감이 형성되고 있다는 것을 모르는 채, 계속 심적으로 악화시 키고 있었다. 아이는 어느 기준에 맞춰야 좋을지 몰라서 어려 워했고, 불안만 가중되어 갔다.

낮은 자존감은 부모나 주변 관계있는 사람들이 자신을 비하 하거나 너무 엄하게 훈육하는 환경에서 성장한다든지, 폭행에 가까운 비난을 듣고 학대 등을 당하게 되면 낮은 자존감이 형 성된다.

나는 못난 사람, 부모의 기준에 들어가지 못하는 사람, 그래 서 나는 나쁜 사람이라는 생각을 하게 된다. 아빠나 엄마의 눈 에 들기 위해서 끊임없이 눈치를 보거나 예측을 해서 판단을 한다. 이런 판단은 피해의식에서 오는 걱정과 거절감으로 힘들 어 할 뿐만 아니라, 왜곡해서 생각하는 사람이 된다. 그러다보 니 사람들과 관계를 유지하기 위해서 그들 마음에 들도록 노력 한다. 그들의 눈에 들지 못하는 자신이라고 추측하게 되면 그 들 눈에 들기 위해서 착한아이처럼 행동을 하고, 상대방에게 인정을 받기 위해서라면 비위까지 맞추려고 한다. 이런 과정을 통해 상대방으로부터 만족할 정도의 피드백이 안 되거나 서운한 감정이 쌓이고, 거절감을 느끼게 되면 분노 폭발을 하거나 은둔을 하고, 외부와 단절을 하기도 한다.

민준이가 다른 또래에 비해서 키가 큰 편이다. 그래서 나는 키 큰 민준이를 부러워한다. 얼굴도 달걀형에 핸섬한 편이다. 보통 부모의 눈에는 자식이 잘생겼다고 생각하고 싶고 또 그렇게 보일 수 있다. 그렇지만 우리가 보고 있는 민준이에 대한 시각뿐만 아니라 다른 주변 사람들의 눈에도 아들은 키가 크고 핸섬하며 잘생긴 아들이라는 것이다. 그런데 그런 아들이 하는 말이 있다.

"민준이는 키가 커서 좋겠다."
"아빠, 키 큰 거 싫어!"
"으응, 키 큰 게 싫다니, 왜 싫다는 거야?"
"키 크다고 하면 듣기 싫단 말이야!"

아들로부터 의외의 말을 들으면서 당황스러웠다. '아들의 마음에 무엇이 있기에 저런 반응을 보이는 것일까?' 곰곰이 생각해보니 아들은 자기를 부족하고 못난 사람이라는 부정적 자아상을 가지고 있는 것 같았다. 자기 존재에 대하여 존중하는 마음이 있었다면 그렇게 자신을 부끄러워하거나 낮게 생각하지 않았을 것이다. 아들은 수년 간 부모로부터 부정적 피드백을 받음으로써 낮은 자존감이 형성되면서 자신을 부끄럽게 여기는 것 같았다.

가끔 초등학교에서 자존감 향상 프로그램을 위한 어울림 프로그램을 진행해 달라는 요청이 들어온다.

보통 프로그램 진행을 하게 되면, 1주에서 2주 동안 집중적으로 자존감 향상 프로그램을 적용하게 되는데, 그 어린 초등학생의 마음에서 나오는 이야기가 걱정스러울 정도다.

친구에게 칭찬하는 걸 힘들어하거나 상대방이 마음에 들지 않으면 거침없이 비난을 하고, 자신이 얼마나 소중한지 강점이나 장점을 말해주면 받아들이는 것을 어려워하고 부정한다.

어느 정도 프로그램 진행이 무르익어 갈 즈음에 자기의 좋은 장점을 인정하지 못해서 부정하고 있는 아이를 앞으로 이끌어낸다. 그리고 그 아이의 장점을 적은 롤링페이퍼를 읽게 한다.

그러면 친구들은 롤링페이퍼에 자신들이 쓴 내용이기 때문에 이구동성으로 외친다. 그것은 너의 장점이고, 실제로 너에게 있는 좋은 점이고, 그래서 부럽다고 말한다. 그런데 앞에 나와 있는 주인공은 친구들이 한 목소리로 외치는 순간에도 스스로 인정하는 것을 어려워한다.

이처럼 아이들은 민준이의 사례와 마찬가지로 자기 강점이나 장점에 대하여 인정하는 것을 힘들어한다. 여기에는 많은 부모들이 자녀들을 자신의 눈높이에서 훈육을 하고, 자신의 일부라고 여기거나 부모에 대한 아이들의 동일시에서 비롯되었다고 할 수 있다.

부모가 원하는 만큼 따라오지 못하면 윽박지르고, 수없이 말해도 그렇게 모르냐고, 누굴 닮아서 그런 거냐고, 부정적인 말을 하게 된다.

이렇게 부모의 부정적인 말이나 낮은 자존감으로부터 나오는 자기 저주에 가까운 탄식을 하게 되면, 자녀는 이런 행동이나 생각을 학습하게 된다. 반복된 학습은 아이의 무의식에 못난 사람, 부족한 사람, 쓸모가 없는 사람, 부모의 마음을 아프게 하는 나쁜 사람, 머리가 나쁜 사람 등 자신의 존재에 대하여 부정적으로 생각하게 되며, 죄의식이 싹트게 되고, 그 죄책감 때문에 자신을 정죄하게 된다. 그리고 상대방을 정죄한다든지 자기부정, 타인을 부정하고 평가하게 된다. 바로 이런 부정적 사고가 낮은 자존감을 형성하게 하는 것이다.

발달(發達)과 심리코칭

동일시

동일시는 상대방의 입장에서 생각하고 그대로 자신의 마음과 상대방의 마음을 일치하고자 하는 상태를 뜻한다. 특히 자기가 좋아하는 사람의 모습을 닮고 싶어 하고, 존경하는 사람의 태도나 행동 등을 자기 것으로 받아들이는 과정을 말한다.

처음 동일시의 대상은 부모의 마음과 행동 등을 학습하면서 부모와 동일시한다. 아이는 부모의 감정이나 사고, 규범, 가치관 등을 내재화함으로써 좋은 점, 나쁜 점 할 것 없이 받아들일 수 있다. 이렇듯 부모와 동일시하면서 부모의 것을 자기의 것으로 받아들이게 되고, 성격을 형성하는데 큰 영향을 끼치게 되어 부모의 사고방식을 닮게 된다.

가령, 부모를 통해 동일시를 한다고 할 때, 이를 응용하여 부모가 좋은 모델이 되어 주는 것을 생각할 수 있다.

아빠가 앉아서 책을 읽고 있으면 아이는 아빠의 행동을 따라 모방을 하게 되고, 모방은 동일시가 되는 것이라고 보면 된다. 아빠가 게임을 하게 된다면 아이는 게임에 익숙할 수가 있고,

아이의 게임에 대한 제재를 하고 싶어도 부모가 절제가 안 되어 교육에 어려움을 겪게 된다. 간단한 원리처럼 보일 수 있지만 동일시하는 과정이 그만큼 부모의 노력을 통해서 이끌어내야 한다는 것을 알아야 한다.

07

아들이
이상한 행동을 해요

기준 높은 엄마, 따라가지 못하는 아들

아내는 기준이 높은 편인 것 같다.

아내는 논리적이고, 객관적인 사고로 분석해서 평가를 내린다. 그러다보니 어떤 문제를 해결해야 할 일이나 토론을 통해 대안을 찾고자 할 때에 아내의 의견을 묻게 된다.

아내가 성장기에 장모님의 훈육이 수준 높은 요구를 했던 것이거나 아니면 장인어른의 기대치 높은 교육 방식 때문인지 어느 정도 짚이는 부분이 있긴 하다. 사실 보기에도 아내는 아들이나 나에게 기대하는 기대치가 높은 것 같다.

우리 부부는 대화를 자주하는 편이라고 생각한다. 물론 나의 기준에서 말하는 것이다. 그런데 때로는 아내와 대화를 하다가 말다툼을 하는 경우가 있다.

생각해보면 아내와 이야기를 하다가 아내의 가혹한 평가에 빈정이 상하면서 발단이 되는 것 같았다. 그것은 아내의 기준 높은 기대치로 인해서 나는 순간 욱하는 마음을 다스리지 못하고 역정을 내는 순환 고리처럼 반복되고 있었다는 것이다. 물론 대다수는 나의 불찰(?)로 문제를 일으킨다.

아내에게 내가 쓴 글을 읽어보고 피드백 해 주기를 기다린다. 아내는 나의 글에 대하여 인정해주는 답변이 있었으면 하지만 돌아오는 말은 냉정하고 혹독한 평가가 돌아온다. 그런데 어쩜 그렇게 꼭꼭 쪽집게처럼 타당한 평가와 우려했던 부분을 짚어내는지 당혹스러우면서 은근히 부아가 치밀어 올라온다. 그리고 남편의 감각이나 관점, 논리가 자기가 원하는 만큼 올라오기를 바라는 마음으로 더 냉혹하게 말을 한다.

평상시 아내는 온유하고, 은근한 배려가 있는 그런 여자라서 고마운 마음이 크다. 근데 자신의 기준 앞에서는 철저하다는 생각이 들 때가 한두 번이 아니다.

신혼 때는 그런 아내의 모습에 몹시 당황스럽기까지 했었다. 지금은 아내와 이 부분에 대하여 깊이 나누고 난 다음에 많이 완화되었다. 특히 아들 앞에서 아내가 자기의 기준을 적용하다 보면 아이는 금세 힘들어하고 스트레스를 받았다.

"민준아, 똑바로 자세를 하고 앉아!"
"알았어."

하지만 아들은 말과 행동이 정반대로 움직였다.

"엄마가 지금 뭐라고 말했지? 자세 똑바로 하고 30분만이라도 제대로 앉아서 공부해봐!"
"알았어, 알았다고!"

아들의 짜증 섞인 말이 여러 번 반복되고, 엄마와 문제의 말이 오고가고 섞이면서 사태가 급박하게 돌아간다.

"도대체 뭐가 되려고 그래? 똑바로 앉아서 집중하라고, 너 그렇게 공부하기 싫으면 나가서 살아!"
"에이 알았다고!"

얼마 안 있어 아들의 등짝이 철썩하면서 일차 전쟁이 일어난다. 엄마는 엄마대로 스트레스와 화가 올라오고 아들은 아들대로 엄마의 기준에 맞추지 못하고 힘에 부치는 모습이 안쓰럽기까지 하다. 하지만 말리기는커녕 나도 거기에서 한몫을 한다.

"민준, 너 똑바로 안 해? 그걸 못 참아서 그러고 있냐? 으이그 속 터져, 네가 조금만 노력하면 되는데 왜 그러는 거야!"

"......"

안쓰러운 마음과 '아들이 공부 못하는 열등생이 되면 어떻게 하나'라는 두 가지 마음이 아들을 코너로 몰아넣고 있었다. 아들은 점점 공부에 대한 부담감으로 가중되는 스트레스를 간신히 버티고 있었던 것 같다.

민준이를 향한 마음은 사랑인데, 우리 부부는 아들을 사랑하면서 그 반대로 아이의 마음에 상처를 내고 있었다.

민준이가 산만한 아이라는 것을 기질적으로 타고난 아이라는 것을 이론으로는 알고 있으면서 현명하게 대처하지 못하고 있었다. 단지 아들이 산만해서 집중하지 못하고 부산한 것인데, 그걸 인정하고 싶지 않았다. 알고 부정하는 것이 아닌 무의식에서 나오는 나의 열등감이 아들에게 투사되면서 문제를 삼고, 아내도 자기 안에 있는 기준을 어른의 기준에서 바라보고 있었다. 지금 상태로만 본다면 우리는 자식 농사를 실패하고 있는 것이다.

악순환은 반복되었다.

처음 아들을 대할 때는 자상하고 인내하고자 하는 마음으로 함께 자리에 앉게 된다. 그러다 한 20분 정도 지나게 되면 아들을 몰아세우기 시작한다. 그건 나도 마찬가지였다. 아들은 점점 힘들어했고, 우리는 아들을 더 밀어붙였다.

민준이는 저녁 시간이 다가오면 점점 초조해하는 것 같았다. 그런 상태가 되면 불안이 가중되고, 다른 위안을 삼을 수 있는 꺼리를 찾고 싶어 하고, 피할 수 있는 방법을 찾았다. 아이는 부모의 핀잔과 압박으로 인해서 자기 자신에 대한 자신감이 떨어지게 되며, 열등하다고 느끼기 시작하는 것 같았다.

실제 아들에게 질문하면 아들은 눈치를 보거나 변변한 답변을 하지 못했다. 때로는 초조해하고, 불안한 나머지 침을 꼴딱 꼴딱 삼키다가 짜증을 내기도 했다.

아들의 이런 행동을 보면서 심각한 수준에 이르고 있다는 것을 감지했어야 했는데, 우리는 그 순간에도 아들의 부족해 보이는 모습에 마음이 무겁기만 했다. '어떻게 아들이 우리를 닮지 않고 저러는 것일까?' 라고 푸념하면서 말이다. '누굴 닮았

겠는가?' 다 부모의 기질을 받아서 나온 것이지 다른 곳에서
나올 리가 없는 것이다.

발달(發達)과 심리코칭

완벽주의

이들은 기준을 절대적으로 높게 설정해 놓고, 이를 제대로 해결하지 못하고 실패할 것에 대한 두려움을 강박적으로 가지고 있다. 완벽주의자들은 늘 자신이 완벽해야한다고 생각하는데, 완벽주의의 사람들은 어려서 부모로부터 잦은 잔소리와 비난을 듣고 성장한다. 완벽주의자의 부모는 자녀에게 수준 이상의 것을 요구하며, 자녀들은 이에 호응하기 위하여 부모가 생각하는 기준만큼 그에 상응한 충족함을 주고자 한다. 이렇듯 완벽주의자는 부모의 높은 기준 때문에 자기가 부모의 기준만큼 완벽하고자 하지만 결국 자기는 완벽하지 못하다는 생각을 하게 되고, 자기 비하를 하게 된다. 그래서 완벽주의의 사람들은 언제나 완벽해야 한다고 하지만 그렇게 완벽하지 않기 때문에 자신은 또 실패했다고 좌절을 한다. 완벽주의자들은 해야 할 일에 대하여 미루려고 하는 경향이 있다. 너무 완벽하려고 해서 마음에는 강박적인 생각을 하고, 여유 있는 시간이 있음에도 일을 미루려고 한다. 항상 마음에는 준비를 한다고 하지만 해 봐야 자신이 생각한 기준에 도달하지 못할 것이라는 불만과 걱정이 여유를 갖고 일을 할 수 없게 하고, 이후 시간에 쫓기면서 급급한 마음으로 일을 끝낸다. 이들이 급한 마음으로 일을 하지만 웬만한 사람 이상으로 일을 마무리 한다. 그리고 그 다음에 스스로 생각하기를 자신에게 주어진 시간이 충분히 주어졌음에도 불구하고 미리 준비하지 못하여 발생한 것이라고 자기를 탓한다. 좀 더 부지런히 일을 했다면 능력을 발휘했을 것이라고 생각한다. 또한 이들 완벽주의자들은 자신의 기준이 높기 때문에 그 기준에 따라 사람들을 판단하거나 정죄하려는 경향이 있다.

아들 틱이 오다

결국 문제가 터졌다. 아들에게 이상한 행동이 나타나기 시작했다.

초등학교 1학년이 끝나갈 즈음에 약간 묘한 소리가 났다. 아들은 무심코 내는 소리겠지만 듣기에 참 거슬리는 소리였다.

'처음에는 이게 뭘까?'

반신반의 하면서 다시 살펴보기 시작했다.

'설마 내 아들이 틱?'

인정하고 싶지 않았다. 어떻게 아들에게서 틱이 올 수 있는지 믿을 수 없는 현실이 내 앞에 다가와 있었다.

아들이 처음 틱 증상을 보일 때가 박사과정을 하고 있을 때였다. 소위 말하는 전문가가 되어 내담자를 치료하고, 강의까지 하고 있었던 나는 당황스럽고, 부끄럽고, 미안하고 복잡한 심정을 어떻게 주체할 수 없었다.

전문가랍시고 내담자를 만나주고 심적인 문제를 치료한다고 하면서 정작 아들의 문제를 해결하지 못한 못난 아빠라고 자책하고 있었다.

'내 문제조차 알지 못하면서 누굴 치료한단 말인가?'

'아들이 얼마나 스트레스를 받았으면 틱이 왔을까?'

가뜩이나 잘해주지도 못하고, 윽박지르고, 내 안에 문제를 아들에게 투사하다가 지금 이 모양이 된 것이다.

아내와 아들의 관계에서 오는 문제도 문제였다. 아들은 분명 아빠와 엄마 양쪽으로부터 오는 부담에 힘겨워했다. 아들이 힘든 시간을 보내고 있을 것이라고 어느 정도는 짐작하고 있었지만, 정작 문제가 터지고 난 다음부터 사태의 심각성을 깨닫게 된 것이다.

그런데 내 마음에서는 묘한 심리적 현상이 나타났다. 분명히 현재 돌아가고 있는 가족 안에 패턴을 수정해야 하는데, 손을 대지 못하고 있었고, 오히려 아들에게 강압적으로 아들의 묘한 소리를 못 내게 하고 있었다. 이성적으로 프로그램을 만들고, 거기에 입각해서 아들의 문제를 해결하기 위한 접근을 해야하는데 그런 접근조차 시도하는 것을 포기하고 있었다. 아마 내 안에서 아들의 문제를 부정하고 싶었던 것 같다. 인정한다는 것은 나의 잘못을 인정하는 것이고, 그렇게 되면 모든 문제는 나로부터 시작된 것이며, 그것은 나의 책임으로 돌리는 꼴이 되는 것이다.

"아빠, 텔레비전 봐도 돼? 흥, 흥, 흐응~"
"엄마가 뭐라고 하셨어?"
"숙제 끝내고 보라고 했어. 흥, 흥~"
"야, 그 소리 내지마!"

아들은 내 눈치를 보면서 억지로 참고 있다가 결국 다시 자기도 모르게 소리를 낸다.

"야, 아빠가 소리 내지 말라고 했지!"
"……"
"저기 서 있어, 정말 그거 한 번 못 참아? 참아보란 말이야!"
"…… (입을 꾹, 억지로 참는 모습을 하며)"

틱은 뇌에서 신경전달 물질의 이상 분비로 나타는 증상이다. 아이가 선천적으로 타고 날 수도 있고, 후천적으로 스트레스를 받거나 여러 가지 억압된 환경에 의해 그러한 증상을 보일 수 있다.

분명히 왜 그런 틱 증상을 보이고 있는지 이론으로 알고 있었지만 오히려 지혜롭게 문제를 해결하기 보다는 더욱 강압적으로 부담을 주면서 문제만 키워가고 있었다.

발달(發達)과 심리코칭

틱

아이들이 반복적으로 이상한 소리를 내거나 신체의 일부분을 빠르게 움직이는 행동을 하는 것을 말한다. 여기서 신체의 일부분을 빠르게 움직이는 것을 '운동 틱'이라고 하며, 이상한 소리를 반복해서 내는 것을 '음성 틱'이라고 한다. 만약 틱이 음성과 운동 틱 두 가지의 증상을 1년 이상 나타내는 것을 '뚜렛'이라고 한다.

틱의 원인으로는 부모로부터 받은 유전적 요인에 의해서 선천적으로 타고나는 경우와 후천적으로 증상을 보이는 경우이다. 후천적 요인은 심리적 요인으로부터 영향을 많이 받는다고 볼 수 있다. 가령 가벼운 틱 증상을 보일 때, 주변 환경에 의해서 강화되기도 하고, 이에 대하여 가족이 틱 증상을 오해해서 면박을 주고 강압적으로 못하게 할 때 오히려 정서적으로 불안해지면서 악화가 될 수 있다.

틱은 7세~11세 사이에 가장 많이 나타나는 증상이며, 아동에게서 많이 발견되는 흔한 질병이다.

이런 틱 증상을 보고 부모는 걱정스러운 마음에 강압적으로 멈추게 하려고 한다든지 화를 내고 나무라는데, 이런 제재는 바람직하지 않으며, 정작 걱정이 아이에게는 독이 되고, 자존 감 형성에 치명적일 수 있다.

주의력 결핍장애(ADD: attention deficit disorder)

주의력 결핍장애는 ADHD로 오해를 받는 경우가 많다. 주의 력 결핍장애(ADD)의 증상은 산만하기 때문에 주의 지속시간 이 짧으며, 어지르기나 미루기를 한다.

ADD는 숙제를 집중해서 하지 못하며, 반복적으로 꾸준히 일을 하는 것에 힘들어 한다. 또한 그들은 자신이 좋아하는 일 에는 집중을 잘하지만 그 밖에 다른 일에 관해서는 무관심한 반응을 보이고, 일상의 삶을 유지하는 규칙적이고 틀에 박힌 일을 어려워한다.

08

부부가 협력하다

아들의 문제를 인정하다

내 안에 문제를 철저히 점검하기 시작했다. 아들의 문제를 부정하기보다는 인정해야 한다. 그리고 내가 인정하고 싶지 않은 것은 아들을 내 분신처럼 생각하려 했던 나의 무의식에서 나오는 것이다. 아들의 문제가 결국 내 치부처럼 생각되었고, 이것이 알려지는 순간 모든 것이 끝나는 것처럼 수치스러웠던 것이다. 그래서 아들을 그렇게 어렵게 하고, 강압적으로 누르고, 언어폭력까지 하게 된 것이라는 것을 깨닫게 된다.

잠을 자고 있는 아들을 보았다. 너무나 순수하고 예쁜 아들이다.

내가 전문가라는 것이 부끄럽기만 했다. 친구를 좋아하는 아들, 궁금한 것을 못 참아서 늘 질문을 하는 아들, 그런 아들을 귀찮아하고 핀잔을 하던 나의 모습과 아빠의 성의 없는 말 한 마디에 상처 받았을 아들에게 미안해서 하염없이 눈물을 흘렸다.

기질적으로 산만한 아이로 태어난 아이, 그렇게 산만하다는 이유로 지지와 격려를 받기는커녕, 잔소리를 듣고, 주눅이 든 아이가 되어야만 했다. 아이가 예민하고, 불안이 있었기 때문에 주변에 있는 물체에 민감한 반응을 보일 때에도 꾸중을 들으면서 부정적 피드백을 들어야만 했던 아들이다.

처음 이러한 문제 행동이 나올 때, 신중하게 접근해서 이해하고, 수용하는 부모였다면 얼마나 좋았을까하는 마음에서 후회와 탄식이 나왔다. 하지만 우리만 이런 착오와 문제에 직면하는 것은 아니라는 것이다. 이런 문제에 직면한 부모는 수도 없이 많다는 거다. 아니 이글을 읽고 있는 엄마나 아빠들 중에도 우리에게는 희망이 없다고 단정 짓고 있을 수도 있다.

그러나 나와 아내는 절망하기보다 이제부터 시작이라는 마음으로 대안을 찾기 시작했다. 아들을 건강한 아이로 성장할 수 있도록 힘을 다해 도전하는 것이라고 생각하면서 마음을 다지기 시작했다.

그래서 이런 저런 방법을 동원하기 시작했다.

우선 아들의 마음을 만나주는 것부터 시작했다. 그래서 마음을 만나준다고 아내와 나는 아들에게 접근하지만 이미 막혀있는 아들은 좀처럼 우리 뜻대로 따라오질 않았다. 우리는 또 짜증을 낸다. 그리고 좌절감에 어떻게 해야 하는지 암담해서 답답해하는 일이 반복되었다. 시행착오 그리고 또 도전, 시행착오 그리고 또 도전 그러다가 우리가 실수하면 아들에게 솔직하게 사과했다.

참 어려웠지만 계속해서 진심을 담아서 사과하고, 아들에게도 자신의 문제를 잘 설명해서 이해하게 하고, 사과를 받아냈다. 그리고 난 다음 좀 멋쩍긴 해도 아들에게 지금 아빠가 화내고 속상하게 해도 아빠는 아들을 사랑한다고 말하면서 끝은 항상 감정적으로 처리하지 않고 마무리를 잘 짓기 시작했다. 그런 노력의 결과에서인지 점점 혼내는 일이 줄어들기 시작했다.

또한 잊지 않고 늘 해 온 것 중에 하나가 잠들기 전에 스킨십을 하는 것이다. 아들의 등을 긁어주기 시작했다. 워낙에 등 긁기를 좋아해서 아들과 친밀감을 더 깊게 나누는 이 방법이 가장 좋을 것 같아서였다. 아니나 다를까 예상은 적중이었다. 아들이 잠들 때가 되면 나에게 다가와서 자신의 등을 긁어 달라고 요구했고, 나는 아들의 귀에 대고 '아빠가 민준이 사랑하는 거 알지? 아빠가 민준이 사랑해.'라고 하면서 등을 긁어 줬다. 처음에는 어색해 하던 민준이가 화답을 하기 시작했다.

"아빠가 민준이 너무 사랑해."
"나두~"

민준이는 자신이 존중받고 사랑스러운 아이라는 것을 느끼기 시작한 듯했다.

강화물을 사용해도 될까?

어떻게 하면 아들의 산만함을 가라앉히고 진득한 아이로 성장하게 할 수 있을지 그 대안을 찾기 시작했다.

보통 학습상담에서 기질적으로 문제가 있을 때에 그 아이의 산만한 마음을 가라앉히기 위한 집중력 게임을 응용해서 사용하기도 한다.

할리갈리 게임, 이것은 상대방 카드 숫자와 자기 카드 숫자를 합쳐서 5가 되면 종을 먼저 치고, 먼저 종을 친 사람이 카드를 가져간다. 할리갈리 게임은 집중력과 순발력을 길러주기에 아주 적합한 게임이다. 이 게임에 집중하다보면 시간 가는 줄 모르고 몰입하게 되는데, 아이가 좀이 쑤시거나 집중력이 떨어질 때 안정감을 갖게 하고, 집중력을 높여주는 게임이라 할 수 있다. 어른들도 할리갈리 게임을 좋아하는 편이며, 온 가족이 함께 어울리기에 좋은 게임이다.

알까기 게임, 알까기 하면 좀 어감이 그렇긴 해도 이것만큼 좋은 게임이 없다고 해도 과언이 아니다 싶다. 사내아이들은 상상력을 동원해서 전쟁놀이, 성 점령하기 등 우뇌형에 가까운 아이들이 알까기 게임에 적용해서 즐길 수 있는 게임이다. 보통 우뇌형의 아이가 산만한 경우가 많다고 했는데, 반면에 우뇌형의 아이들이 상상력과 창의성이 있는 편이다. 알까기 게임을 하다보면 남자아이들은 그 게임에 푹 빠져서 게임에 몰입하는 것을 볼 수 있다. 그렇기 때문에 몰입해서 게임에 집중하게 함으로써 집중력을 키울 수 있다.

과녁 맞히기 게임, 과녁 맞추기는 여러 가지 규칙을 만들어서 시합에 적용하면 즐거운 시간을 보낼 수 있다. 과녁을 만들어 놓고 자석표창을 던져 높은 점수를 많이 내는 사람이 승리하게 하고, 이긴 자에게 일종의 보상을 하는 것이다. 스티커 붙여주기, 또는 간식 사주기 등을 한다. 아니면 너프건 총을 이용해서 유리에 많이 붙게 하는 게임, 표적을 만들어 놓고 너프건 총으로 표적 맞히기 등 여러 가지를 응용해서 집중력을 높일 수 있도록 활용하면 효과가 있다.

그 외에도 미로 게임, 점잇기 게임, 퍼즐 맞추기, 젠가 등 여러 집중력 높이기 게임을 찾아서 적당히 적용하면 아이의 산만함을 다스리는데 상당히 유용할 수 있다.

민준이와 나는 퍼즐, 알까기 게임, 할리갈리, 과녁 맞히기, 너프건 서바이벌 게임 등 집중력을 높이면서 아빠와 친밀감을 높이는 방법을 사용했다.

여기서 아이와 싸움놀이를 가끔 해주는데, 이 놀이는 친밀감을 높이고 자존감을 올리는 놀이라 할 수 있다. 친밀감을 높이는 놀이는 자연스럽게 '신체접촉하기'를 하게 된다.

'신체접촉하기'는 틈만 나면 아이와 가까이 접촉하는 것을 의미한다. 머리도 쓰다듬고, 몸과 몸이 접촉하고, 손과 손을 잡는다. 엄마의 경우에 딸의 배꼽이나 배, 신체의 여러 부위를 간지럼을 타게 한다든지 볼을 비비면서 애정을 표현하는 방법도 아주 좋다. 아들에게도 같은 방식으로 적용해도 좋다. 그러다 보면 아이는 자기를 거부하지 않는 부모를 확인하게 되고, 그 아이는 부모에게서 존중받고 사랑받는 다는 생각을 하게 된다. 이런 과정이 결국 아이의 자존감과 자신감을 높일 수 있도록 만드는 것이다.

이렇듯 본인도 '신체접촉하기'를 하기 위해서 싸움놀이를 하게 되었는데, 자연스럽게 아이의 머리를 부드럽게 툭 치거나 만지면서 미소를 지어주고 배를 툭 하면서 다치지 않게 조심스럽게 애지중지 사랑한다는 것을 느끼게 하는 것이다. 때로는 아빠가 계속 이기다가 져주는 모습에서 아들은 자신이 아빠를 이겨냈다는 뿌듯함과 자신감을 갖게 함으로써 자기 자신에 대한 자신감을 가질 수 있도록 유도하는 과정을 만들어 낸다.

이렇게 아이에게 강화물을 어떻게 응용했으며, 그러한 과정을 통해서 어떤 좋은 반응을 일으켰는지를 알 수 있었다.

민준이가 제대로 집중하지 못하고 10분 이상을 버티지 못할 때에 아들에게 제안을 했다. 아들은 그 강화물에 일명 낚여서 20분 집중하기를 하면 그대로 따라왔다. 물론 언제나 성공하는 것은 아니었지만 나름대로 지속되는 시간이 길어지면서 학습 되는 효과가 있었다.

그 다음으로 적용한 프로그램이 토큰 강화물(토큰 경제)이다. 보통 학원이나 교회에서 달란트 시장을 한다. 바로 이 달란트 시장이 전형적인 토큰 강화물의 적용이라 할 수 있다.

달란트 시장은 아이들에게 칩이나 예쁘장한 카드를 준다. 지각을 하지 않고, 주의집중을 잘하고, 결석하지 않고 등등 여러 가지 조항에 적합한 아이들에게 카드나 칩을 주는 것이며, 일정한 시간과 날짜가 도래하면 모은 만큼 물건을 살 수 있도록 하는 것이다. 이 프로그램을 가정에 도입하는 것인데, 귀찮고 힘들 것 같지만 의외로 어렵지 않고, 상당한 효과가 있다.

스티커를 붙일 수 있는 표를 만들어서 일정한 기간을 정해놓고 바람직한 행동이나 실천에 대한 보상을 해 주는 것이다. 아니면 표 위에 바로 별 표시를 해주거나 동그라미를 새겨주는 것도 괜찮다. 그런데 여기서 조심해야 할 것은 어떤 때는 잘했으니까 기분이다 하면서 스티커를 많이 주고 어떤 때는 적당히 했으니까 하나 주고 이러면 안 된다는 것이다. 이렇게 일정한 기준이 없이 상태 상황에 따라 그 양이 달라지면 사람의 뇌는 이미 더 많은 보상에 대한 미련 때문에 많이 받았던 것보다 적으면 보상에 대한 의미가 퇴색된다. 이미 퇴색된 보상은 흥미를 잃게 하고 효과가 떨어지게 되는 것이다.

이처럼 토큰 강화물을 사용할 때, 반드시 규칙을 지키고 아무리 잘해도 그 잘한 일에 대한 보상은 하나만 주는 것을 지켜야 한다. 이런 룰을 정확하게 지켜주면 아이에게 의도했던 학습효과를 반드시 얻어낼 수 있다.

학습심리에도 여러 분야가 있는데, 어떤 학자들은 강화물이 아이들에게 오히려 독이 되며, 이런 강화물은 학습효과보다 하나의 일처럼 생각할 수 있다고 반론을 내놓기도 한다.

그래서 이러한 문제를 놓고 찬반양론으로 나뉘어서 서로 주장하고 있는 상황이지만 찬성하는 쪽이나 반대하는 이론이나 모두 일리가 있는 것으로 보인다. 하지만 본인은 아들의 산만함을 진정시키고 집중력 있는 아이가 되기를 바라는 심정으로 과감히 강화물을 사용했고, 그에 적합한 프로그램을 적용한 결과로 말하자면 강화이론이 그렇게까지 위험스럽지 않다는 것을 조심스럽게 이야기 하고 싶다.

그 이유는 아들이 어느 날인가부터 의무감이 생기고 정해놓은 시간을 철저히 지키고 있었다. 순간 아들에게 내재동기화가 되었다는 것을 직감할 수 있었다.

민준이는 강화물을 통해서 보상받는 것을 하나의 일처럼 가져간 것이 아니라 반복되는 학습을 통해서 마음에 책임감이 생겼고, 보상 때문에 억지로 무엇인가를 해야 한다는 의무감이 아닌 책임감 같은 의무감을 갖게 된 것으로 보였다. 분명 아이는 의무감이 생기면서 외재동기에서 내재동기로 바뀌고 있었다(내재동기와 외재동기는 발달과 심리코칭에서 설명).

산만한 아이에게 강화물을 사용했을 때, 하나의 보상이 주목적이 되면, 아이는 보상을 받기 위해서 목표로 삼은 것을 얻기 위해 온 힘을 쏟는다. 하지만 그런 목표를 향한 성취동기도 강화물이 시시해지면 수그러들게 된다. 이처럼 강화물을 통해서 목표로 삼았던 것을 성취하게 되면 점점 시들해지는 것이다. 이러한 문제로 인해서 학습심리 전문가들 중에는 강화물을 이용하는 자체가 부작용을 초래할 수 있다는 것을 문제 삼고 있다.

그런데 산만한 아이들의 경우에 임상을 거쳐서 나온 결과들을 보면, 보상만큼 아이들의 집중력이나 학습능력을 키우는데 그만한 효과가 없다는 것도 인정해야 한다. 말하자면 강화물을 어떻게 사용하는가에 달려있다는 것을 말하고 싶다.

규칙과 목표치를 정해놓고 몇 개의 스티커를 모았느냐에 따라 보상하는 것만이 아니라, 아이가 성취감을 느낌으로써 자신도 할 수 있다는 자신감을 가질 수 있도록 한다.

또한 작은 것 하나라도 그냥 넘기지 않고, 아이에게 격려와 칭찬을 통해서 인정받고 있다는 감정을 느낄 수 있도록 해야 한다.

지지부진하게 하다가 멈추고, 보상을 너무 크게 해서 다음 보상에 대하여 그 이상 기대할 것이 없다고 흥미를 잃게 한다든지, 아이가 스티커를 다 모았는데 보상하는 것을 미룬다든지, 약속을 해놓고 그것을 지키지 않게 되면 아이는 다음부터 성취동기가 사라지고 학습효과도 떨어지게 된다.

런던대학교 연구진이 2009년 실험한 결과에 의하면 사람이 어떤 과정에서 하나의 습관 된 행동으로 발달하는데 평균 66일이 걸린다고 한다. 혹은 사람마다 다르기 때문에 21일에서 250일 정도 걸린다는 연구결과도 있다. 이런 저런 연구결과가 있지만 현재 가장 인정받고 있는 연구결과는 66일이 지지를 받고 있다. 이는 강화물을 사용하더라도 잘 응용해서 아이가 좋아할 수 있는 것을 선택하고, 상황에 따라 보상을 바꾸면서 조화롭게 사용하기를 권장한다. 분명한 것은 본인의 아들은 꾸준히 적용한 결과 약 80일 정도 되어서 행동의 변화가 있었고, 일 년 정도 되었을 때에 알아서 행동을 하고, 다음 자신이 해야 할 일을 직접 스스로 하는 모습을 볼 수 있었다.

발달(發達)과 심리코칭

외재동기와 내재동기

외재동기는 학습을 시키는데 있어서 자기가 결정을 하고 학습하고자 하는 참여 의지가 외부에 있는 것을 말한다. 예를 들어서 학습 목표를 정하고 노력해서 하나의 보상을 바라고 하는 행위를 말한다. 그래서 이와 같은 동기가 부모의 칭찬이나 주변 관계있는 사람들, 학교 선생님으로부터 인정받기 위해서 하는 행동이라고 한다면 이것을 외재동기화된 것이라 한다.

반면에 내재동기는 학습을 하거나 다른 의미 있는 일을 할 때에 외부에 동기를 부여해서 성취하고자 하는 것이 아니다. 흥미나 관심에 의해서 동기가 활성화가 되는 것이 아니라 내적으로 스스로 의미를 찾고 실력 향상을 추구하여 자기만족을 하고자 한다.

내재동기화 되어 있는 사람들은 과제를 수행할 때에 자신이 해낸 일에 자부심을 느끼거나 성취감에서 오는 기쁨을 알고 그 자체로 보상을 한다.

그러나 이러한 내재동기화가 아동들에게 그대로 적용될 때

많은 아동들이 성취동기를 찾는데 어려움을 겪을 수 있다. 그러다보니 촉매 역할을 할 수 있는 외재동기를 부여함으로써 학습효과를 높이고자 시도한다. 이러한 외재동기를 통한 보상을 부정적으로 보는 시각도 있지만 학습효과를 높이고 성공을 경험하게 되면 점진적으로 내재동기화 되는 학습효과를 가져올 수 있다.

스마트 폰이 아들의 마음을 사로잡다

스마트 폰이 정말 골칫거리다. 아이가 하고 싶어 하는데 못하게 할 수도 없고, 그렇다고 무조건 아이들끼리 어울리는데 외면당하거나 쳐지지 않게 한다고 무한정 허락할 수도 없는 노릇이다. 유튜브를 통해서 게임 영상을 본다든지 다른 아이들 만화영상을 보는 것이라면 그나마 다행일 수 있다. 하지만 문제는 아이들이 모바일에 다운로드가 된 게임을 하고 있다는 것이 문제다.

모바일 게임이 어느 정도로 심각한지 그 실태를 보았으면 한다.

본인은 인성교육 프로그램의 일환으로 초등학교 중등학교 학부모 특강 및 교사 연수를 진행한다.

한 번은 ○○초등학교 학부모 인성교육 연수를 하고 있을 때 있었던 일이다. 연수를 받고 있던 어머님 한 분이 하소연을 했다.

　"교수님, 좀 여쭙고 싶은 게 있는데, 시간 되세요?"

　"네, 무슨 일 있으세요?"

　"딸이 초등학교 2학년인데 게임에 빠져서 헤어나오질 못하고 있어요."

　"네 그러시군요."

　"밤 12시가 넘어가도 게임을 하고, 못하게 하면 소리를 지르고 난리를 펴요. 사실은 해도해도 안 돼서 매를 대기도 했지만 소용없어요."

　"많이 속상하시고, 어떻게 해야 할지 모르고, 얼마나 힘드시겠어요. 안타깝기도 하고, 뭔가 대안을 찾아야 겠군요. 혹시 아이에게 어떤 때 게임을 하게 하셨나요?"

　"아이가 칭얼거리거나 뭔가를 시키고 싶을 때에 그 일을 해내면 게임을 하게 했어요. 때로는 내가 힘들고 그럴 때에도 게임을 하게 했어요."

여기서 아이에게 문제가 됐던 것은 보상을 해주면서 경계를 정확하게 그어주지 못한 점이 있었고, 아이의 생떼에 견디지 못하고 게임을 하게 한 결과가 문제를 일으키게 된 것이다.

모바일 게임이든 컴퓨터를 통한 인터넷 게임이든 어떻게 쓰느냐에 따라 독이 될 수 있고, 약이 될 수가 있다. 여기서 문제 아이의 엄마는 처음 보상으로 사용했지만 자신이 힘들거나 귀찮은 상황이 되면 절제를 하지 못하고 아이에게 게임을 허락하게 된 것이라 할 수 있다. 이렇게 되면 아이가 점점 예민해지고 신경질적인 면을 보인다든지 짜증을 내면서 문제 행동을 하게 된다. 물론 아이가 공부를 하는데 집중력을 잃게 되고 산만한 아이가 되는 것은 당연한 일이다.

또한 영상물을 보는 것도 1시간 이상 시청하면서 매일 보게 되는 것도 산만함을 더 강화하는 꼴이 되고, 단기기억능력만 높이기 때문에 아이는 부모의 통제에서 벗어나게 되고 악순환만 반복하게 된다.

게임도 마찬가지다. 학자들마다 주장하는 내용이 다르긴 해도 보통 1시간 이상 하는 것은 독이 될 수 있다고 말한다.

다음 실험 결과에서도 이를 증명한다.

독일 연구기관에서 아동 12세~14세까지의 남자아이들을 대상으로 영향을 줄 수 있는 하나의 변수를 적용했을 때 집중력이 어떻게 변하는지를 연구했다.

저녁에 숙제를 마친 이후 한쪽 그룹에서는 텔레비전을 1시간 동안 시청하게 하고, 다른 한쪽에서는 게임을 하도록 했다. 일정한 기간을 두고 나타난 결과에 의하면 텔레비전을 시청한 그룹보다 게임을 즐긴 그룹에게서 유의미한 결과가 나왔는데, 단어 암기력이 떨어지고 쉽게 수면을 취하지 못한 것으로 나타났다. 그만큼 게임은 집중력을 방해하는 요소가 된다는 것을 알 수 있다. 그 이유는 다른 어떤 내용보다 게임을 했을 때, 뇌에 강력한 영향을 줌으로써 그 내용에 대하여 암기하거나 이해하는 것을 방해하기 때문이라고 한다.

또한 인터넷이나 모바일 게임은 도파민의 영향을 받기 때문이다. 도파민은 뇌의 기쁨을 주거나 흥미를 이끌어내고 쾌감을 주는 신경전달물질이다. 이 호르몬이 적당히 제 역할을 할 때는 즐거움을 주고, 성취감을 얻는데 도움이 되지만 시간이 지날수록 쾌감이 경감되면서 전에 보다 더한 쾌감을 찾게 된다. 그러면서 현재의 도파민 양이 부족하다고 머리에서는 느끼고 더 많은 양을 생성할 수 있도록 요구하게 된다. 그래서 지금보다 더한 도파민을 얻기 위해서는 점점 더 자극을 받으려고 뇌는 더 많은 도파민을 생성하게 한다. 그리고 앞에서 말한 조건처럼 도파민의 양이 많아지게 하기 위해서는 게임하는 시간을 늘린다거나 전보다 강렬하고 자극적인 게임을 하게 되는 것이다.

실제 도파민이 뇌에 어떤 영향을 끼치는지 알아보기 위해서 초정밀 뇌영상을 촬영한 것을 보면, 마약에 중독된 뇌의 모양과 거의 흡사한 뇌 모양이었다고 한다.

결국 이러한 연구 결과들을 토대로 아이들에게 적용해 보면 이렇다.

먼저 민준이가 게임을 하고 싶어 하면 게임을 하고 안하고에 대한 부분을 철저하게 통제부터 하고 난 다음에 민준이에게 제안을 했다. 일종의 강화물로 사용한 것인데, 아이가 게임을 하게 하는 조건으로 일정한 양의 숙제나 독서를 조건으로 내걸었다. 아들이 진득하게 약속한 시간을 지켰을 때에 게임을 1시간에서 1시간30분 정도를 하게 한다. 단 매일 이 방법을 사용하면 안 된다. 일주일에 요일을 정해서 게임하는 시간을 정해준다. 한 번에 몰아서 토요일 또는 일요일도 괜찮다.

앞에서 독일 연구기관이 연구한 결과에 의하면 암기능력을 현격히 떨어트리게 하는 요인 중에 하나라고 말한 것처럼 일정

한 시간을 매일하게 되면 역효과가 있기 때문이다. 그러나 일
정한 요일을 정해놓고 그 시간에 한 번에 보상을 하면 중독을
일으킬 정도의 도파민에 영향을 받지 않게 하면서 효과적인 학
습된 행동을 유발할 수 있다.

발달(發達)과 심리코칭

도파민의 역할

도파민은 쾌락의 물질 중 하나인데, 도파민은 새로운 것에 반응을 하며, 이 신경전달 물질은 집중력을 높이는 역할을 하고, 창의성이나 탐구력을 높이기도 한다.

도파민은 경험하는 일이 유쾌하다고 생각이 되면 뇌에서 감지하고 이에 자극을 받아 도파민을 분비하게 된다. 이렇게 도파민에 의해 쾌감을 느끼게 되어 지금 하고 있는 일에 대하여 만족하면서 학습을 계속 유지하려고 한다.

그런데 도파민이 계속 분비되게 하려면 새로운 자극이 유지되어야 하기 때문에 지금 현재 자극보다 더한 단계별 자극을 지속적으로 주어야 한다. 그만큼 학습을 하면서 학습에 대한 향상을 통해 성취감을 느끼게 하고, 이에 도파민이 더욱 분비가 될 수 있도록 유도하게 하는 것이다. 여기에 부모가 성취한 일에 대하여 격려와 칭찬을 하게 되면, 그 경험을 다시 하기 위해서 바람직한 행위를 반복하게 된다.

이렇게 반복되는 학습을 통해 도파민은 시냅스(신경회로)가

증식되면서 학습통로가 만들어지도록 돕는다. 학습한 내용에 대한 신경회로가 만들어질 수 있도록 간접적으로 돕게 된다.

하지만 도파민의 장점 이면에는 단점이 있는데, 도파민은 심한 자극에 의해서 분비가 되면 중독현상이 나타나게 된다는 것이다. 도파민을 통해서 쾌락을 계속 추구하게 되면 도파민은 현재보다 더 강한 자극을 요구한다.

그러한 예가 인터넷 중독이라 할 수 있다. 인터넷 게임은 자극을 통해 도파민이 분비되게 하고, 그 게임에 익숙해지면 그보다 더 큰 자극을 요구하게 된다. 결국 단계적 자극을 요구하게 되면서 뇌의 형태가 마약에 중독된 뇌처럼 축소되고 굳어질 수 있다는 것이다.

09

집중력 프로그램을
적용할 시기다

부부가 협력하여 프로그램을 찾아야 한다

아들의 문제가 점점 개선되기 시작했다. 그래도 아들의 산만함이 만족할 정도로 변한 것이 아니라서 좀 더 안정되게 집중할 수 있는 방법을 찾아야만 했다.

종교적인 부분에서 불편해 하실 수 있는 독자도 있을 수 있겠지만 나름대로 커다란 효과를 본 프로그램이라서 소개하고자 한다. 지금 제시하는 내용이 아닌 다른 유사한 프로그램을 적용해도 좋을 듯싶다.

우리 부부는 크리스챤이다. 그래서 아들과 딸을 주일학교에 보내는데, 주일학교에서는 아이들을 위한 여러 가지 활동 프로그램을 운영하고 있다. 그런데 이 프로그램 중에 성경암송을 지도하는 과정이 있는데, 아이의 성경 지식을 넓혀주고 집중력을 높여주는 프로그램으로 인정받고 있었다.

성경 요절은 집중력을 높여야만 외울 수가 있다. 그만큼 집중력을 요구한다. 교회에서 선생님 지도하에 한 구절씩 외우게 한다. 그리고 집에서도 엄마의 지도하에 요절을 한 절씩 외우게 한다. 물론 여기에도 토큰 강화물을 적용한다. 아이가 하루한 절씩 외울 때마다 스티커를 붙여줬다. 한 6개월을 부담되지 않는 정도에서 외우기를 반복했다. 아이는 반복되는 학습을 통해서 시냅스가 만들어지기 시작했다. 집중력이 눈에 띄게 좋아졌고 처음 외우기를 시도했을 때보다 외우는 속도가 빨라졌으며, 집중력도 더 좋아졌다. 이렇게 아들은 프로그램에 녹아들었고, 우리 부부는 안도와 기쁨에 가슴시리도록 좋아했다.

독자 여러 분들에게 성경공부만이 아닌 이와 비슷한 방법들을 고안해서 강화물을 적절히 사용하고 조화를 이룬다면 좋은 결과가 있을 것이라고 소신 있게 말하고 싶다. 가령, 속담 카드를 가지고 외우기를 하거나 한자성어를 외우기 또는 쓰기를 하는 것도 좋은 방법이 될 수 있다. 자녀에게 가장 잘 맞으면서 부담이 크지 않는 선에서 정하는 게 우선 중요하다.

그리고 프로그램의 연장선에서 우리 부부는 아들을 지지하고, 잠들 때마다 사랑을 고백하고, 머리를 부드럽게 쓰다듬으면서 '아빠(엄마)는 민준이가 너무 좋아!'라고 말하면서 잠자리에 들게 했다. 어떤 상황에서도 칭찬할 거리가 있으면, 구체적으로 무엇 때문에 칭찬하는지 알 수 있도록 격려와 칭찬을 했다. 과정을 중요하게 생각하도록 '민준이가 이렇게 노력하는 모습이 너무 보기 좋구나, 참 잘했어!' 등 결과도 중요하지만 과정도 중요하다는 것을 인지하게 하면서 칭찬을 했다. 아이는 2학년이 되고, 3학년 중반이 되면서 안정되어가고 있다는 것을 느낄 수가 있었다.

아들의 틱도 점점 줄어들기 시작했다. 3학년이 된지 중반으로 접어들었다. 틱이 전보다 더 줄어들었다.

여기서 우리가 간과해서 안 될 일이 있다면, 틱이나 뚜렛이라는 것을 잘 이해해서 자녀의 문제가 있는 심적 상태를 받아내야 한다는 것이다. 틱은 보통 7세~11세에 가장 많이 발병한다.

뚜렛은 틱 현상이 운동틱과 음성틱 두 가지 이상 나타나는 것을 말한다. 틱을 앓고 있는 아이들은 상대적으로 친구들에 비해서 다르게 보일 수 있기 때문에 친구들로부터 놀림을 받거나 따돌림을 당할 수 있다. 이 기간에 부모마저 아이의 문제를 이해하지 못하고 수용하지 못한다면 아이들은 심적으로 갈 곳을 잃게 된다. 틱을 보일 때마다 문제 삼고 윽박지른다든지 그 행동을 못하게 하고, 억지로 못하게 하면 아이는 점점 주눅이 들어가고, 자존감 형성에 치명적인 문제의 원인이 될 수 있다. 이렇게 되면 성장하면서 개선되기 어렵고, 성격형성에 안 좋게 영향을 끼치는 원인이 될 수 있다.

틱을 보이는 자녀에게 민감하게 반응하기 보다는 모르는 척 한다거나 아니면 실컷 만족할 때까지 소리를 내게 한다. 중요한 것은 아이들이 아무리 틱을 보인다고 해도 4학년에서 길게는 중학교 정도까지 인내하고 견디면서 사랑의 마음으로 기다리라는 것이다. 그렇게 했을 때에 그 결과는 상당히 완화된 자녀가 되어있거나 완치된 우리들의 아이를 보게 될 것이다.

내담자 중에 초등학교 2학년 딸을 둔 엄마가 있었다. 어느 OO초등학교에서 자녀교육 연수를 하고 있던 중이었는데, 강의를 듣고 있던 학부모 중에 한 분이 심각한 표정으로 다가와서 상담을 요청 했다.

내담자는 큰 딸 문제로 너무 속상하고 힘이 들어서 견디는데 한계를 느낀다고 말을 했다. 딸이 조금만 부담스러운 일이 생기거나 속상한 일이 있으면, '에이-씨'를 계속 연속적으로 소리를 내고, 그 정도가 심해지면서 엄마의 말을 우습게 생각한다는 것이다. 아이의 엄마가 울면서 자기는 이제 아이를 감당할 수 없다고 말을 했다. 그래서 어떤 식으로 소리를 내고 어떻게 짜증을 내는지 알아내기 위해서 '에이–씨'라고 소리를 낼 때에 녹음을 하거나 반항하는 장면을 찍었으면 좋겠다고 말했다.

엄마는 집에 돌아가서 아이가 '에이 씨'라고 말을 할 때에 녹음을 하기 시작했다.

녹음이 된 내용을 들었을 때, 아이는 틱 현상이 있는 것으로 보였으며, 뭔가 심한 거절감에 의한 분노가 표출되는 것 같았고, 엄마의 말에 의하면 머리도 잘 감지 않아서 머리카락이 헝클어진 상태였다.

그 아이는 심각할 정도로 엄마에 대한 분노가 예사롭지 않다는 것을 알 수 있었다. 특히 여동생과 함께 있을 때에 '에이–씨'를 계속해서 연발하는 듯 했다. 그래서 아이의 엄마와 아빠를 만나서 아이가 어떤 배경에서 성장을 했는지 알아보았다.

아이가 태어나면서 친가의 엄청난 관심과 사랑을 받았다고 한다. 아빠는 이름만 들어도 인정해주는 대학을 나왔고, 그만큼 집안에서 기대를 한몸에 안고 있는 그런 사람이었다. 그런 아들을 통해서 손녀가 태어났으니 얼마나 애지중지 사랑을 받았을지 알 수 있는 일이다. 그런데다 부모로부터 어떻게 보살핌을 받았을지 말하지 않아도 예측할 수 있을 것이다. 그렇게 아이는 약 5년 정도를 관심과 보살핌 속에서 사랑받는 아이로 성장하고 있었다. 그런데 문제는 여동생이 태어나면서 모든 관심은 동생에게로 향했고, 아이에게 돌아가던 관심은 무관심으로 바뀌었다는 아이의 정서적 상실감이었다.

엄마도 점점 큰 딸을 힘들어했다. 어린 동생을 돌보다보니 큰 딸에 대한 보살핌이 힘에 부치기 시작했던 것이다. 아이가 퇴행하면 아이에 대한 양육 상식이 부족하다보니 아이를 책망하고, 혼내면서 매를 대는 일이 잦아졌다. 딸은 엄마가 자기를 미워한다고 생각했고, 배신감을 느끼면서 엄마를 공격하고 싶은 마음이 커지고 있었다. 그리고 엄마를 괴롭히기로 마음먹고 동생을 괴롭힌다든지, 분노를 하고, 잘 씻지 않고, 지저분하고 냄새가 나는 상태로 학교에 등교를 했다. 끊임없이 엄마를 괴롭히는 어린 딸이 감당이 되지 않았고, 아이 앞에서 울기까지 하는 엄마가 되어 있었다.

'그렇다면 왜 엄마는 아이의 행동에 대하여 감당하고, 지도 양육해야겠다는 생각을 못하는 것일까?' 엄마는 안타깝게도 아이와 같은 마음으로 싸우고 있었다. 어린 아이를 감당해내지 못하는 내적 문제가 무엇인지를 알아내야 했고, 내면에 가지고 있던 어린 아이 자아를 분석하게 된다.

아이의 엄마는 인정과 사랑에 목말라 있었다. 친정 엄마는 자신의 딸보다 아들을 더 편애하는 심적 함정에 빠져 있었다. 자신도 모르게 아들을 더 챙기고, 딸은 상대적으로 하찮은 존재라는 생각에 의해서 낮은 자존감이 형성되어 있었다. 그런 상태가 되면 끊임없이 누군가에게 사랑받고 싶은 심정이 자리 잡게 되고, 그것을 찾아서 몸부림을 치게 되는 것이다. 이런 내적인 상태가 어린아이 자아에 매여 있다 보면 다른 여유를 가질 수가 없게 된다. 물론 누구나 같은 비슷한 환경에서 성장했다고 다 그렇다는 것은 아니다. 기질과 환경 복합적 배경에 의해서 성격이 형성되는데, 이 아이의 엄마는 핵심심정이 보살핌이라는 것에서 출발해야 한다는 것이다.

문제는 딸의 문제이기도 하지만 엄마의 어린 아이 자아가 지지와 공감을 딸에게 하지 못하는데서 비롯된 것이라는 것을 찾아내게 되었다.

그래서 아이에게 어떻게 접근할 것인지 프로그램을 적용하기 전에 우선 엄마의 내적인 문제를 해결하는데 중점을 두었다. 상당히 긴 시간 상담을 했다. 약 1년 정도 상담을 했는데, 엄마가 자신에 대하여 인정하고, 자기가 얼마나 소중한 사람이며, 남들이 갖지 못한 능력을 갖고 있다는 것을 인정하게 되었고, 점점 내적인 힘이 생기기 시작했다. 이렇게 내적으로 힘이 생기다보니 딸이 어떤 행동을 하더라도 일관된 행동으로 아이의 마음을 만나주기 시작했고, 앞에서 말한 강화이론을 적용하면서 아이는 점점 개선되어 갔다.

학교 선생님도 그 아이가 점점 개선되어져 간다는 말을 했다는 것이다. 엄마는 몸에서 냄새가 나지 않고, 머리카락도 단정해졌고, 전에 비해서 생기가 있다는 말을 해주셨다고 기뻐했다.

여기서 우리는 공통적인 중요 시사점을 발견할 것이다. 그것은 엄마가 자신의 중심을 잃지 않고, 일관되게 아이를 지지하고 칭찬을 함으로써 아이는 변화되어 간다는 것이다. 부모의 인내심과 앞서 선진들이 발견하고, 양육한 지혜로운 방법을 적용하는 것이며, 혹여 자신의 마음이 심각한 상태라고 한다면 먼저 마음부터 치료하고, 조화롭게 자녀를 양육해야 한다.

발달(發達)과 심리코칭

격려와 칭찬

격려는 용기나 의욕이 솟아나도록 북돋워 주는 것을 의미한다. 격려는 아이가 자신 없어 할 때에 과정을 통해 노력한 그자체에 의미를 두고 지지하며, 과정에 대한 칭찬을 하는 것이다.

그러므로 칭찬은 격려를 동반한 칭찬일 때 학습효과가 크다. 과정을 보고 그 과정에 대한 지지를 하면서 의욕이 솟아나도록 북돋워 주기도 하지만 격려와 칭찬을 통해서 자신감을 얻도록 한다. 이렇게 격려와 칭찬을 하게 되면 긍정적인 자아상을 형성할 수 있으며, 자존감을 높이고 그 상황이나 상태에 대하여 적합한 습관을 만들어 줄 수 있다. 이처럼 격려와 칭찬은 지금 자신이 초라하고 부족하다고 여길지라도 때가 되면 자기가 성공할 것이라는 믿음을 갖게 하고 힘을 준다.

공감

공감은 상대방의 말을 잘 경청하고 그의 속마음까지 이해하는 것을 의미한다. 공감의 힘은 집중해서 상대방의 의도와 마음 깊은 곳 생각이 무엇인지 이해하고 진솔하게 만나주는 것인데, 이런 공감은 자신이 존중받는다는 생각이 들게 하며, 존중받는다는 것은 자기 자신이 소중한 사람이라는 것을 느끼게 하는 것이다.

공감은 부모의 공감 능력이 자녀에게 그대로 전가되면서 학습되는 과정이라고 할 수 있다. 얼마나 부모로부터 공감을 받았느냐에 따라 자녀에게도 공감 능력을 키워주게 된다는 것을 알아야 한다.

이처럼 공감을 잘하는 사람은 어른뿐만 아니라 아이들의 경우에도 상황 판단이 빠르고 또래 아이들의 마음을 잘 이해할 수 있다. 공감 능력이 있는 아이들은 갈등이 생겨도 불편한 감정을 풀어내는 대처능력을 가지고 있다.

공감 능력이 있는 아이는 어려운 상황이 전개되는 과정에서 문제해결 능력을 발휘할 수 있으며, 어려운 문제를 헤쳐 나갈 수 있다.

종합적인 사고와 적극적인 활동을 유도하다

아내와 가까이 알고 지내는 지인이 있다. 그 선생님은 '오르다'를 통해서 아이들의 창의성과 종합적인 사고를 도출해낼 수 있도록 '오르다'라는 프로그램을 응용하여 임상에서 효과성을 입증하고 있었다. 특히 우리 아이와 같은 산만하고 주도성이 떨어지는 아동을 종합적으로 사고하고 집중력을 길러낼 수 있도록 돕는 것을 주 지도방침으로 세우고 아이들을 지도했다.

처음에는 '오르다'가 무엇인지 생소하기도 했지만 과연 그 교육 프로그램이 효과가 있을까라는 의구심이 생기기도 했다.

아내가 적극적으로 추천을 했고, 사람마다 다양하게 작용하고, 효과가 의외의 방법에서 나타날 수 있다는 생각에 아내의 의견에 따르기로 했다.

"민준아, 지금 보이는 이걸 네가 생각하고 있는 그대로 말할 수 있어?"

"응, 몰라요."

"그래, 이게 뭔지 모르겠다는 거지? 괜찮아 다르게 말해도 아무렇지 않아, 네가 생각한 것을 느끼고 있는 너의 마음을 말하면 돼!"

"정말, 모르겠어요."

처음 민준이는 단편적인 사고와 집중력의 부족함으로 어려움을 겪고 있었다. 그러던 민준이에게도 변화가 일기 시작하는데, 어떤 하나의 질문에 대하여 생각하는 버릇이 생기기 시작한 것이다.

'오르다 ○○○'의 '오르다'는 아이들의 사고력, 창의력, 문제해결능력, 의사소통능력 등을 강화시킴으로써 종합적 사고능력을 길러내는 프로그램이라고 제시하고 있다.

본인이 어떤 특정 프로그램을 홍보하고자 하는 것이 아니라 '리얼스토리'를 다루고 있기 때문에 우리 부부가 어떤 것을 어떻게 인용 및 응용하고 있는지를 알리기 위함에서 본의 아니게 홍보 아닌 홍보가 되었다.

우리 아이에게 적용한 프로그램이 효과성이 있다고 하지만 '오르다' 외에 또 다른 유익한 프로그램이 있을 것이라 생각되면서 본인이 강조하고 싶은 것은 우리들의 아이들에게 집중력과 종합적 사고능력을 키워낼 수 있는 프로그램을 잘만 적용한다면 그만큼 상당한 효과가 나타날 것으로 사료된다. 어떤 것을 사용하느냐가 아니라 우리 아이에게 잘 맞는 것을 선택해서 어떻게 적용하고 지도하는가가 중요하다.

태권, 효도하겠습니다!

산만한 아이들은 체질적으로 에너지가 넘친다.

이 아이들은 뛰어야 한다. 때로는 학교에서 에너지가 넘치다 보니 안 좋은 말을 듣거나 심하면 이상한 아이 취급을 받을 수도 있다. 같은 또래로부터 따돌림을 당할 수도 있다. 이런 자녀의 모습을 보게 되면 부모의 입장에서 한숨이 나오고 속상해서 견딜 수 없을 것이다.

우리도 마찬가지로 아이가 틱이 있어서 걱정스러운 마음이 큰 것도 사실이었고, 산만해서 집중을 하지 못하는 모습 때문에 신경 쓰이고, 성적이 좋지 않을 때에도 여러 입장에서 우려가 되었다.

민준이가 초등학교 2학년 하반기에 우려하던 일이 약간 비숫하게 일어났던 사건이 있다. 친구들 사이에 공기놀이가 유행이었다. 공기놀이는 예나 지금이나 여전히 친구들 사이에서 인기종목인 듯하다. 그런데 그런 공기놀이에서 은근 밀리고 있다고 아들이 말을 했다.

"으응, 이건 무슨 상황?, 아들 너 공기 잘 못해?"
"잘 못하는 것 같아! 친구들이 나는 밑에 급이라 말하던데."
"친구들이 뭐라고 하면서 그렇게 하는데?"
"몰라, 그냥 나는 잘하는 것 같은데, 애들이 자기들보다 못한다고 말해."

민준이가 말하는 투로 볼 때, 자신감이 없어 보였고, 무엇인가 당당하게 주장하거나 관철시키는 것에 익숙하지 않은 것 같았다.

나는 민준이의 상황을 알게 된 후에 민준이가 자신감을 갖고 학교생활을 할 수 있도록 도움을 줘야한다는 생각이 들었다. 당당한 무엇인가가 있을 때에 또래들은 그런 변화에 민감하게 반응하고, 행동으로 보여주는 사례들이 있다.

우선 민준이가 가장 좋아하는 친구, 선망하는 친구가 누구이며, 인정받고 있는 친구를 물어보았다. 물론 그 몫은 엄마의 몫으로 해서 알아내게 했다. 아들의 마음을 가장 잘 이해할 수 있는 건 엄마이기도 하고, 주변 엄마들 사이에서 주고받는 정보라든지 여러 모로 엄마가 훨씬 수월하게 해낼 수 있기 때문이다.

알아낸 결과로 물망에 오른 아이는 '민재'라는 아이였다. 초등학교 3학년 5월 달에 '민재'가 다니고 있는 '럭키 태권도'에 등록을 시킨다.

민준이도 태권도를 다니고 싶다고 자주 말을 했었고, 산만한 아이가 몸에 에너지를 풀어내기도 훨씬 수월한 운동이 태권도이기도 해서 보내게 된다.

여기서 앞에 해명한 것처럼 어떤 특정한 단체나 운동을 홍보하고자 하는 것이 아니고, 아이에게 잘 맞는 운동을 선택하게 하고, 아이가 잘 적응할 수 있게 하거나, 같은 또래와 역량이 있는 친구를 만나게 함으로써 주변에 영향력을 끼칠 수 있게 하기 위함으로 살펴보다가 태권도라는 운동을 선택하게 한 것이다.

처음에는 민준이가 자신의 띠 색깔에 자신없어 했다. 그러나 시간이 어느 정도 흘러서 띠 색깔이 바뀌니까 은근히 자신을 과시하고 싶어 하는 행동을 보였다. 자기 또래 아이들이 민재만 있던 것이 아니라 다른 또래 친구, 같은 반 아이들이 여럿 있었다. 그곳에서 함께 뛰고, 소속감을 느끼면서 또래 관계형성이 되다보니 무엇인가 응집력 있는 자기들만의 힘이 발산되고 있었다. 그 힘은 학교에서도 작용하면서 민준이를 무시하려던 친구들도 더 이상 무시하려는 행동을 하지 않았다. 친구들과의 관계는 점점 좋아졌고, 건강한 공격성과 방어를 하고 있었다. 때로는 아빠와 힘겨루기를 하고 싶어 하고 자신이 얼마나 날렵한지를 아빠에게 인정받고 싶어 했다. 그럴 때마다 나는 아이에게 매번 이기는 아빠가 아니라 져주기도 하는 아빠가 되어서 아이의 건강한 공격성을 키워주기도 했다. 민준이는 소심한 아이에서 주변에 인정받는 아이, 자신감 있는 아이가 되어갔다.

발달(發達)과 심리코칭

건강한 공격성

건강한 공격성은 자신이 판단을 내리고 자기를 방어할 수 있는 능력을 의미한다.

상대방으로부터 공격을 당했을 때에 속수무책으로 방어하지 못하고, 겁에 질려서 당하는 아이들이 있다. 이런 공격으로부터 방어하지 못한다는 것은 그만큼 심적으로 자기에 대한 자신감이 부족하고, 심하게는 학대를 당하고 비난 속에서 위기 대처 능력이 부족하기 때문이다.

또는 또래 아이들과 어울리다가 상대방의 행동에 민감하게 반응하고 오히려 공격적 행위를 보인다. 이런 경우에는 아이가 부모로부터 매를 많이 맞는다든지 학대를 당하고 있는 아이가 자신을 지키기 위한 수단으로 공격을 하는 것이다.

이렇게 자신에 대한 방어는 건강한 부모로부터 학습하게 된다. 건강한 공격은 아빠와 함께 운동을 하면서 길러진다. 아빠와 싸움놀이를 하면서 가끔은 아빠가 져주기도 하고, 아이가 방어할 수 있는 힘을 은연중에 만들어질 수 있도록 돕는 역할을 하면 된다. 또는 체력단련을 하는 학원에 보내는 것도 좋은 방법 중에 하나라 할 수 있다. 호신술을 통해 방어수단을 배우고, 당당하게 자신의 감정을 건강하게 표현할 수 있는 그 자체가 건강한 공격성이 되기 때문이다.

엄마 넘어 졌어요.(종합적 사고능력이 생김)

앞에서 말한 것처럼 태권도와 아이의 연관성을 설명하면서 학교에서 벌어질 수 있는 우려스러운 부분을 해결하게 되었다고 했다.

집에서도 지지와 격려, 칭찬을 하고, 어떤 경우에는 정확한 경계를 지어주면서 꾸중을 하기도 했으며, 엄마나 아빠가 그만 자신의 분을 참지 못해서 화를 냈을 때에는 반드시 사과하고, 아이의 입장에서 생각하고, 아이가 잘못한 점에 대해서는 반드시 이해와 잘못을 인정하는 말을 받아내라고 했다.

우리가 살면서 완벽하게 자녀를 양육할 수 있는 것이 아니라는 것을 누구나 인정한다. 그리고 저마다 완벽한 프로그램을 적용해서 아주 우수한 아이로 성장시킨다는 것 자체도 욕심이다. 무엇보다 중요한 것은 우리 자신에 대하여 얼마나 이해하고 인정하며, 자기 자녀를 얼마나 이해하고, 자녀의 눈높이에서 그때그때 상황에 적절히 대처하는가에 달려 있다고 할 수 있다.

이런 저런 살아가는 삶속에서 잘못을 저질렀을 때 그것을 스스로 따져서 자책을 하는 게 아니라, 내가 실수를 했을지언정 내 아이가 어떻게 하면 긍정적 자아상으로 살아갈 수 있도록 사랑의 마음을 주었는가를 생각하고 그 사랑을 줄 수 있도록 행동으로 옮기는 것이 그만큼 소중하다는 것이다.

민준이를 돌보면서 일어난 여러 가지 사연 가운데 좌충우돌 육아를 소개하고 진행되어지는 과정이 그렇게 실패가 아니라는 것을 설명했다. 그래서 민준이의 성장 과정을 이야기 하면서 희망을 함께 나누었는데, 요 근래에 일어났던 해프닝을 통해 정말 아이가 달라졌다는 것을 전하고 싶다.

이 긍정적 사건은 아내를 통해서 알게 되었다.

"여보, 민준이가 오늘 뭐라고 한 줄 알아요?"
"무슨 일이 있었길래 그래요?"

"잘 들어봐요."

"민준이가 심각한 표정으로 나한테 다가오길래 걱정되어서 너 무슨 일 있었니? 물어봤어요."

"그래서..."

"아니, 얘가 많이 큰 것 같아, 민준이가 이렇게 말하는 거예요! '엄마, 내가 태권도장에서 활동 게임을 하다가 넘어졌어, 그런데 난 하나도 안 다쳤어. 걱정 안 해도 돼! 그런데 엄마, 핸드폰이 고장 났어!' 하면서 나를 쳐다보는데 너무 귀엽기도 하고, 대견하기도 하고, 많이 컸다는 생각에 혼을 낼 수 없더라고요!"

"정말, 참 많이 컸네, 종합적으로 생각하는 사고개념이 생긴 것 같은데 여보!"

우리 부부는 기분이 참 묘했다. 대견하기도 하고, 믿어지지 않는다는 표정과 함께 서로를 격려하면서 기뻐하고 있었다.

우리 부부가 기뻐할 수밖에 없었던 이유는 민준이의 생각이 여유가 생겼고, 어떤 위기 상황에서 대처할 수 있는 종합적 사고가 만들어지고 있다는 증거이기 때문이다.

예전 같으면 민준이의 행동이 그런 말과 행동을 하지 못했을 것이다. 우선 자신이 조심스럽지 못해서 핸드폰을 고장 냈고, 자기의 실망스런 행동을 통해서 부모의 책망이 걱정스러워 유연한 생각을 못했을 수도 있다. 그런데 민준이는 자신이 무엇을 어떻게 실수 했는지를 정확하게 파악했지만, 부모가 무엇을 가장 걱정하는가를 파악하고 있었다. 이것은 아이가 객관적으로 판단하는 것을 힘들어 하거나 상황판단을 유연하게 하지 못했다면 자신의 위기를 유머스럽게 넘길 수 없었다는 것이다. 즉 민준이는 자신의 잘못을 인정하는 것은 물론이고 종합적으로 문제를 어떻게 처리해야 하는가를 이해하면서 그 문제를 극복하고 있었다는 것을 의미한다. 결국 종합적으로 문제를 인식하고, 위기를 자기의 방식으로 헤쳐가고 있는 종합적 사고를 보여주고 있었다는 것이다.

아들 성적표가 달라졌어요.

아들의 변화되는 모습에 고무되었다.

긴 시간이라면 긴 시간일 수 있었는데, 여러 모로 실수도 반복했었고, 힘겨운 싸움 아닌 싸움 같은 시간과 아내와 서로 다투면서 책임을 전가하기도 했었던 시간이었다. 하지만 지금 아이가 몰라보게 변하는 것을 보면서 우리는 서로 위로와 격려를 하며 힘을 보탤 수 있게 되었다.

'그래 견디고 지지하고 힘을 합쳐서 문제를 인지하고, 개선하고자 하는 마음이 있다면 되는구나!' 상당한 자신감이 붙었다.

계속해서 민준이와 지지고 볶고, 그러면서 우리가 해야 할 일에 대하여 꾸준히 멈추지 않고 이어갔다.

4학년이 된지 벌써 1학기가 지나가고 있었다.

민준이는 열심히 교과평가를 받았고, 시험을 마쳤다.

집중하는 모습이 전보다 많이 좋아졌다. 여전히 힘들어 할 때도 있었고, 자신이 하고 싶은 일을 멈추어야만 했고, 엄마의 지시에 따라 숙제를 해야 했다. 그렇듯 엄마와 변함없이 전쟁을 치르기도 하지만 민준이가 어린 아이라는 것을 감안하면 상당히 잘 견딘다고 할 수 있다.

시간이 흘러 드디어 4학년1학기 생활통지표가 나왔다.

3학년까지는 보통 웬만하면 수행해 낼 수 있는 과정이라고 하는 게 대체적인 정서라고 본다. 하지만 4학년부터는 느닷없이 난이도가 올라간 것처럼 느낄 정도로 힘들어지는 학년이기도 하다. 그렇기 때문에 우리 부부는 약간의 긴장과 우려가 있었던 것도 사실이다.

아내와 나는 아들의 통지표를 기대 반 우려 반으로 받아들었다.

그리고 아들의 통지표에는 이렇게 적혀있었다.

4학년1학기 행동특성 및 종합의견

"친구들과 활달하게 어울리기보다 조용히 있는 시간이 많으며, 혼자 생각에 깊이 빠져 주변의 상황을 의식하지 않는 경우가 가끔 있음. 수학과 문제해결도 잘하고 학습능력도 우수하고, 성취 결과도 우수한 편임."

*화○초등학교 4학년1학기 생활통지표에서 발췌

민준이가 친구들과 활발하게 활동하는 경향이 있다고 보았는데, 활동 부분에서 의외의 평가가 나왔다. 그래서 아들에게 물어 보았고, 아들이 말하기를 '친구들하고 공기 시합이나 다른 게임 같은 데서 지게 되면 그걸 이기고 싶어서 가끔 생각하고 다음 시간에 다시 도전해.'라는 것이다.

아마 민준이 담임 선생님이 평소에 활달한 모습을 보이다가 어느 때는 의외의 행동을 가끔 하는 것을 보고 '조용히 생각에 깊이 빠져'라는 평가를 내리게 된 것으로 판단된다.

민준이는 자기가 조용히 있는 타입이 아니며, 같이 쉬는 시간에 잘 놀고 있다고 직접 말 하는 것을 보면서 여전히 엉뚱하기도 하고, 자기 나름대로 골똘히 생각하기도 하지만 역시나 열심히 어울리며, 활달한 것을 좋아하고 있다는 것을 알 수 있었다.

담임선생님이 민준이의 생활통지표 종합의견을 이렇게 준수하게 평가를 내린 것이 놀랍기도 했지만, 3학년 통지표의 평가와는 확연히 다른 평가를 내리고 있다는 것에 몇 번이고 통지표를 읽어 보았다.

그렇다면 3학년1학기에 비해서 어떻게 달라졌는지 3학년 행동특성 및 종합의견을 참고로 올린다.

3학년1학기 행동특성 및 종합의견

> 상황에 대한 자기의 생각을 잘 설명하고 발표도 좋아하고 친구들에게 친절하며 소통도 비교적 잘하나 수업 시간에 다리를 올리고 앉는 경향이 있고, 때론 감정 표현이 일방적이거나 급한 경향이 있으니 내 생각을 상대방에게 차분히 전달하는 방법을 익히도록 해야겠음.

*화○초등학교 3학년1학기 생활통지표에서 발췌

이 정도로 평가를 한다는 것은 한 마디로 정서적으로 안정이 안 되어 있고, 산만하다는 것을 완곡하게 표현한 것이라 할 수 있다. 또한 교과평가에 대한 내용은 아예 나오지도 않는다. 단지 부모에게 아이를 잘 지도해 달라고 거의 통보와 같은 의견이었고, 다른 방향에서 생각해보면 선생님의 불만이 베어 있다는 생각이 들었다.

지금 그 당시 민준이의 상태는 만만치 않았다. 알림장 내용도 엉망으로 적어오니 과제가 어떤 것인지 전달사항이 무엇인지 알 수가 없었고, 그로 인해서 준비물을 준비하지 못하고 등교시키는 일이 잦았다. 아내가 민준이에게 신신당부 그렇게 부탁을 해도 아이는 자기 생각만 하고, 집중력이 떨어지다 보니 대충 전달받고 하교하는 일이 많았다. 아마 내가 담임이라도 그 이상 평가를 했을 것이다. 아빠의 입장에서도 속 터졌는데, 담임선생님 입장에서는 오죽했을까싶다.

아내와 나는 기쁨을 감출 수가 없어서 과거 있었던 일을 이야기 했다. 지금의 개선된 아들에게 고맙다고 말하고, 머리를 쓰다듬으면서 한 참을 격려하고 칭찬했다.

교과평가를 내린 내용을 확인해보아도 확연히 다르다는 것을 알 수 있다. 4학년이 되면서 많이 힘들어졌다고 느끼는 과목 중에 수학과 사회, 국어가 있는데 그 과목의 평가 내용을 보아도 많이 달라졌다는 것을 알 수 있었다.

다음 제시하는 2016년 3학년 1학기 생활통지표와 2017년 생활통지표를 비교한 내용을 보면 1년 사이에 달라진 것을 확인할 수 있다.

*참고로 초등학교는 ◎(매우잘함) ○(잘함) △(보통) □(노력요함) 네 가지 기호로 평가하고 있다.(지역에 따라 3가지 기호로 평가하기도 함)

2016-2017년 생활통지표 사회 영역

2016년 3학년1학기

사회	지리	지도, 방위, 기호의 뜻을 알고 지도에 알맞은 기호 넣기	○
	일반사회	생활 속에서 이용하는 이동 수단 알아보고 이동 수단이 필요한 까닭 알기	○
	일반사회	오늘날 이동과 의사소통의 문제점을 파악하고 해결방안 찾기	○
	역사	새로 생긴 중심지와 옛날부터 있었던 중심지를 알고 특징 비교하기	○

2017년 4학년1학기 사회

사회	지리(1)	지도를 보고 촌락이 위치한 지형의 특징 알기	◎
	역사(1)	도시 문제의 특징을 알고, 그 해결 방법을 제시하기	◎
	지리(2)	인터넷으로 자치단체가 하는 일 조사하기	◎
	지리(3)	촌락의 옛날 모습과 오늘날의 모습 알기	◎
	역사(2)	다양한 자료를 활용하여 도시 분포를 살펴보고, 특징 파악하기	◎
	지리(4)	선거 과정과 유권자의 역할 알기	◎

2016-2017년 생활통지표 수학 영역

2016년 3학년 1학기 수학

수학	도형	주어진 도형을 밀기, 뒤집기, 돌리기를 이용해 규칙적인 무늬 꾸미기	○
	측정	길이의 단위를 이해하고 길이의 덧셈과 뺄셈 하기	◎
	수와연산(1)	곱셈구구를 이용하여 나눗셈의 몫 구하기	○
	수와연산(2)	분수를 이해하고 크기 비교하기	◎

2017년 4학년 1학기 수학

수학	수와연산(1)	10000이상 큰 수의 자릿값을 알고 읽고 쓰기	◎
	수와연산(2)	규칙을 잘 지키며, 숫자 카드로 혼합 계산 게임하기	◎
	도형(1)	직각, 예각, 둔각 알기	○
	측정(1)	각도기를 이용하여 각의 크기 측정하기	◎
	수와연산(3)	다섯 자리 이상의 수의 크기를 비교하기	◎
	수와연산(4)	(세 자리 수)×(두 자리 수) 계산하기	◎
	측정(2)	사각형의 내각의 크기의 합을 알고 문제 해결하기	◎

2016-2017년 생활통지표 국어 영역

2016년 3학년 1학기 국어

국 어	문학	주어진 이야기를 실감나게 읽기	◎
	듣기말하기	중요한 내용을 메모하면서 이야기 듣기	○
	문법	높임말을 상황에 알맞게 사용하기	○
	쓰기	알맞은 낱말을 사용하여 대상의 특징이 잘 드러나게 소개하는 글쓰기	○

2017년 4학년 1학기 국어

국 어	듣기말하기	회의 주제에 알맞은 의견을 제시하며 학급 회의에 적 극적으로 참여하기	○
	읽기(1)	글을 읽고 대강의 내용을 간추리기	○
	쓰기(1)	문단의 구조에 맞게 의견이 드러나는 글쓰기	○
	문법(1)	낱말의 뜻을 국어사전에서 찾기	◎
	문학(1)	작품을 감상하고 느낀 점을 다양한 방법으로 표현하기	◎
	문법(2)	낱말의 종류를 알고 활용형을 기본형으로 바꾸기	◎
	문학(2)	인물, 사건, 배경을 알고 이야기를 이해하기	○
	읽기(2)	글에서 주요 의견과 근거를 파악하기	◎

위의 도표처럼 3학년~4학년 약 1년간의 사이를 두고 민준이의 교과평가가 달라졌다는 것을 알 수 있다. 학교 성적을 비교하여 종합적인 평가를 내린다는 것이 어떤 면에서는 편협적인 평가라고 이의제기를 할 수도 있다. 하지만 단편적인 면이라기보다는 전반적으로 아이가 변화되고 긍정적으로 개선되었다는 평가를 내리기에는 학교 생활통지표가 가장 인정하기 쉬운 객관적인 평가라 생각되어 제시하게 되었다. 이렇듯 민준이가 수년 간 어려움을 겪고 우리 부부가 가슴조이며 아이를 양육해왔던 과정을 통해서 주장하고 싶은 것은 결국 배려, 지지, 격려, 칭찬, 긍정적인 마음과 인내와 사랑이 필요하다는 것이다. 무엇보다 중요한 것은 먼저 부모가 변하고, 자신을 이해하고, 자신을 용서하고, 수용함으로써 건강해진 자아상을 가지고 자녀들에게 다가갈 때에 자녀가 변한다는 것을 잊지 말아야 한다.

지금도 자녀 문제 때문에 가슴 아파하며 눈물 흘리고 있을 부모님들에게 전해드리고 싶은 것은 절망하지도 말고 포기하지도 말며, 오직 나의 현실을 그대로 인정하고 미래를 바라보면서 인내의 심정으로 자녀를 바라본다면 분명 길이 열릴 것이다. 각 가정마다 처한 환경과 배경이 다르겠지만 혹여 이 책을 읽는 독자가 우리 가정과 비슷한 환경 또는 어느 정도 비슷하다면 자신 있게 '어느 심리전문가의 좌충우돌 육아 이야기'를 추천하고 싶다. 이 내용을 잘 익혀서 적용할 때에 좋은 결과가 있을 것이라고 확신하는 마음을 전하고 싶다.

어느심리전문가의
좌충우돌 육아이야기
(산만한 아이를 안정된 아이로 변화시킨 11년 육아 리얼스토리)

펴낸날	초판인쇄	2017년 9월 20일
	초판발행	2017년 9월 22일
지은이	신권일	
펴낸이	김성룡	
펴낸곳	에듀지에스피	
편집	조명희	
표지디자인	안젤라	

주소　　　　서울특별시 가산디지털 1로84 (가산동,에이스하이앤드타워8차)
대표전화　　1566-4267　팩스 02) 6123-5640
출판등록　　제2017-000015호
홈페이지　　www.ilgsp.co.kr / www.igsp.co.kr
이메일　　　judylaw@naver.com

ISBN　　　979-11-960651-2-6
정가　　　　₩14,900